我们为蝴蝶的美丽而感到愉悦，但是我们承认它为了美丽而历经的变化过程。

蝴蝶效应

妈妈与青春期女儿的相处之道

丹妮尔·米勒〔澳〕著 ／ 孙梦云 译

The
Butterfly
Effect

中国青年出版社

（京）新登字083号

图书在版编目（CIP）数据

蝴蝶效应：妈妈与青春期女儿的相处之道 / 〔澳〕米勒著；孙梦云译
—— 北京：中国青年出版社，2013.11
ISBN 978-7-5153-2099-1

书名原文：The butter fly effect
Ⅰ．①蝴… Ⅱ．①米… ②孙… Ⅲ．①女性－青春期－健康教育
Ⅳ．①G479

中国版本图书馆CIP数据核字(2013)第286781号

版权登记号：01－2013－1159
THE BUTTERFLY EFFECT by Dannielle Miller
Copyright © Dannielle Miller 2009
Published by arrangement with Random House Australia
through Bardon-Chinese Media Agency
Simplified Chinese translation copyrither © (2013)
by China Youth Press
ALL RITHTS RESERVED

责任编辑：彭明榜
书籍设计：孙初＋林业

中国青年出版社 出版 发行
社址：北京东四12条21号
邮政编码：100708
网址：www.cyp.com.cn
编辑部电话：(010) 57350505
门市部电话：(010) 57350370
北京科信印刷有限公司印刷　　新华书店经销

787mm×1092mm　1/16　19.25印张　205千字
2014年1月北京第1版　2014年1月北京第1次印刷
定价：32.00元

本书如有印装质量问题，请凭购书发票与质检部联系调换
联系电话：(010) 57350377

目录

第八章

第九章

作者的话

有哪些因素在影响着青春期女孩的生活？对此，心理学家、社会学家、健康专家和其他专家做了大量研究。在本书中，我使用了专家们发表在专业期刊和研究论文中的研究数据作为参考。我注意紧跟最新研究数据，因为它们为我们洞悉女孩的世界中正在发生的事情提供了一条可供衡量的途径。

我同样知道，仅凭枯燥的数据不足以窥视全貌。数据不会告诉我们，女孩子们对于她们自己、她们的世界的感受是什么样的。所以，除数据和专家意见之外，我同样收集了更加详细和私密的个人信息——这些信息只有通过花时间坐下来与青春期的女孩子们促膝谈心才能得到。许多年来，我做过教师、问题学生辅导员以及启迪教育的创建者和CEO，在与青年人一起工作的这么多年里，不论是以正式的还是非正式的形式，我始终在不间断地进行着这项研究。

我聆听的女孩子们

作为启迪教育的一员，我有机会与澳大利亚成千上万的青春期女孩们接触。在公司的所在地新南威尔士州，每年在工作中我会遇到超过4000名青春期女孩。

聆听她们，与她们交流，是我毕生的工作。

我所领导的工作室为青春期少女服务，关注与她们相关的各种问题，比如女孩间的友谊、女孩的外在形象、媒体对于女孩和成年女性的影响、女孩和成年女性的性别化问题、女孩子的职业理想等等，并且针对这些话题与女孩们进行可靠的、建设性的对话交流。而这些，也是本书所讨论的话题。以上每门课程通常持续半天或一整天，我总是在这个过程中将观察结果和所获见解记录下来，然后进行总结。

由此，我相信，这份工作让我更加了解女孩们心里对于自己切身问题的想法，让我获得了更广阔的视野。同样重要的是，我能够第一时间观察到她们身为女孩的感受，以及她们之间的相处方式。在她们眼中，我并不是一个老师或者任何形式的权威人物，这就让我的观点具有了独特性。我对她们袒露内心，迅速营造亲切感，通过分享我的人生故事，几乎能够立刻让她们建立起信任感。这些课程是在女孩们自己的地盘——学校进行的，与她们的谈话是有机的，我不仅能够观察到她们对于话题的回应方式，也能观察到她们对待彼此的态度。

我确信，自己看到、听到、感觉到的一切都绝对真实可信。

在工作中，女孩们常常找我进行一对一的交谈；我也经常收到她们寄来的信件、email和明信片。女孩们需要成年女性来聆听她们。我与女孩们之间的通信帮助我洞察她们的内心世界，同样也帮助我写成了这本书。

另外，在写作本书的时候，我又重新深入地采访了曾经遇到的那些拥有独特的兴趣爱好或是敏锐洞察力的、令我感到震惊的女孩们。在本书中，我也分享了她们的想法。

参加启迪教育的女孩们拥有各种各样的背景。在学校里，我帮助那些有行为方面问题的学生。（我是多么喜欢这些女孩的坦诚，有个女孩在踏入课堂的时候对我说："现在给你五分钟的时间，如果我认为你是垃圾，我立刻就走。"）我教过的女孩们有的来自很高级的学校（在学校里甚至能够看见海景），有的来自最偏远的农村，也有的来自重点学校。与许多研究者相比，我所接触过的青春期女孩不论是在数量上还是范围上，都远远超过他们。

我聆听的专家们

　　我与许多教师、校长、女性问题专家、青少年精神健康专家都保持着良好融洽的关系。与他们交流，分享他们的研究成果和阅读材料，都让我获益匪浅。他们的一些想法和观察也在书中有所呈现，他们的贡献让这本书变得更加丰富。

我聆听的母亲们

　　最近几年，我为青春期女孩的家长举办了夜间课程。起初我感到十分惊讶，因为当谈到自己作为女人的感受时，母亲们是那么绝望：她们认为我提到的许多问题也让她们感同身受。但是她们的勇气是令人振奋的；她们勇敢地承认，自己正在尽力帮助女儿来应对这个问题越来越多的世界。

　　这些女性不仅想帮女儿安然度过青春期，同时，她们自己也不想总是感到"不够"：不够苗条，不够漂亮，不够受欢迎，不够成功。

　　这些女性想让她们的女儿，以及她们自己的生活都井井有条。

　　我同样也聆听了来自她们的声音。

第一章

蝴蝶效应简介

　　女孩们的优势体现在各个方面——学术上，社交上，运动场上……但是在成功的表象之下，女孩们也有自己的麻烦。从表面上看，她们似乎能够独自应付生活带来的一切事情，然而，当她们关上门，就可能独自面临一场压抑情绪的爆发。青春期女孩的世界充满来自同辈的压力和不切实际的自我期待，交织着种种夸大诱人的诸如贝兹、布兰妮和百加得冰锐这样的流行品牌宣传广告。这一切都在毒害着处在最脆弱阶段的青春期女孩们。

　　数据告诉我们，还有许多事情需要引起我们的警觉。在调查中，四分之一的澳大利亚青春期女孩表示只要有可能，她们愿意接受整形手术。在15岁的女孩中，约有70%正在节食，其中更有8%的人采取了极端的节食措施。同龄人之间的压力是导致许多女孩痛苦的原因，60%的青春期女孩表示她们的外表曾遭到嘲笑。

70%的青春期少女有酗酒问题——她们一次就消费五瓶或者更多酒——而这其中差不多1/5的人每周都会这样酗酒一次。令人担忧的是，根据报告，有12%的女孩摄入的酒精超过了危害健康的警戒线——在一天之内超过五杯标准量的酒——与男孩相比，吸毒的女孩的数量是前者的两倍。

学校的压力同样是问题之一。澳大利亚的一项调查中大约2/3的女孩表示她们感到学业压力很大。

1/10的青春期女孩有过自残行为。男性的自杀率一直比女性高得多，但是证据显示，女性（特别是25岁以下的女性）自残和尝试自杀的比例要高于男性。据估算，有一名男性自杀，就有150~300名女性实施自残行为。

不安全性行为会导致一些让人不愿看到的结果。性传播疾病在年轻人中有增长趋势。据估算，有28%之多的青少年有衣原体疾病。在澳大利亚的医院里，为12岁至24岁女性做的手术数量中，堕胎居于第二位。

以上所有一切都让我感到深深的苦恼，因为我热爱孩子们，比想象中更加热爱——而不仅仅只爱我自己的孩子。我对孩子们的爱、与她们的心灵相通有时似乎太过强烈，难以克制。它突然降临，意外地进入我的生活。当然，在我早年当高中教师的时候还不是这样，甚至在我生下第一个孩子——泰雅·萝丝（Teyah Rose）之后也没有，我爱她，但并不是爱每一个孩子。但是，经过我作为问题学生辅导员的许多年后，这种大爱悄悄地降临在我心中。

1999年，我创立了"灯塔计划"，这是一个针对辍学青年的非常成功的指导计划。直到2004年，作为项目负责人，我学到的最珍贵的一课是：即使那些故意表现得不招人喜欢的青少年也渴望被爱——事实上，她们对于感情和人际关系的需求是非常迫切的。

这些问题青少年最后确实赢得了我的心。她们需要信任、热情，需要有一个成年人来为他们而努力，所以，我成为了那个人。

青春期女孩们正处于危机之中，这件事困扰着我，因为我是一个相信女权的人。人很容易变得满足：女性有选举权；现在也出台了明令禁止性歧视的法律条文；我们还开始享受高等教育、进入政界、商界……

但是我们依然还无法突破内心中自己设定的天花板，无法冲破它，冲向更高处。我想知道，如果我们自己都是这样，又怎么能期待下一代女性——我们的女儿——站出来改变这个世界，特别是当她们同样专注于改变自我，一心想要成就人造的"完美"的时候。

当男孩们正在与他们自己内心的恶魔做斗争的时候，我意识到，那是一场我被迫接受的关于女孩的心灵与灵魂的战争。2002年，我决定换个工作，于是建立了启迪教育，一个为国内和国际间学校工作的澳大利亚公司。我们为女孩开设课程，提醒她们注意那些对于她们有害的信息，保证这些有害信息被充满力量和乐观精神的信息所取代。

我喜欢今天的开放和独特，每个人都能坦诚相对，这让我知道我并不孤独，对我意义重大。你教会我去做真实的自己，做一个快乐的人，学会去爱，而永远不要成为仅是为了让别人开心而活着的人。

金，14岁

我知道了，我们可以自我毁灭，也可以做许多事情来塑造自我及周围的人们。媒体在这个问题里扮演了大部分角色……我们都是美丽的。

克莱尔，16岁

我以为这会与那些无聊的"你应该提高自尊"之类的课程一样，但后来我发现并不是这样。当我们真正认识到什么才是虚假的，这个部分我很喜欢；我还喜欢这个天才般的想法：你告诉我还有许多与我相似的女孩，有成年女性会花费时间来关心我们，我们每个人都是特别的。

埃皮娜，15岁

所以，我沉浸在与上千名青春期女孩一起研究、工作的许多年中，关于她们的老师和家长，我了解到了什么呢？是什么让我们的女孩那么生气？那么悲伤？那么担忧？更重要的是，从现在开始，我们要怎样把一切都变得更好？这是作为启迪教育的工作者以及作为一个10岁女孩的母亲，始终围绕我的问题：她即将迎来"青春期的忧郁"。这些问题是我在书中力求解答的。

肉毒杆菌①，外在形象和酗酒

为女儿面临的问题寻找解决之道始终困扰着许多母亲。当然，这也同样困扰着父亲们。最终，我相信解决这个问题关键在于母亲，因为母亲每天都在向女儿展示怎样去做一个"女人"。我们并不总是把作为女人看作是种荣耀。

事实是，许多女性并不快乐。研究显示，68%的青春期女孩认为自己没有别的女孩长得漂亮，还有84%超过40岁的女性认为她们没有别的女性美丽。2008年，一个澳大利亚女性周刊对15000名女性的调查显示，只有1/6的女性对她们的体重感到满意；1/5的女性体型很糟糕，她们尽量不照镜子；几乎一半女性愿意在能够承担费用的情况下接受整容手术。酗酒问题也非常普遍。调查中1/3的女性饮酒过量，1/5认为自己有饮酒方面的问题。

---

① 肉毒杆菌：一种生长在缺氧环境下的细菌，是目前毒性最强的毒素之一，由于该毒素能使肌肉暂时麻痹，医生发现它在消除皱纹方面有着异乎寻常的功能，因此，利用肉毒杆菌毒素消除皱纹的手术应运而生，并因疗效显著而很快风靡全球。

我们中的许多人告诉自己的女儿，她们不为了变美而作任何改变，然而自己却对肉毒杆菌趋之若鹜。我们告诉她们内在美才是真的美，然而我们却对杂志上所说的"美丽全靠人工造就"深信不疑。如果连成年人都在纠结，那么我们女儿的纠结也就不值得大惊小怪了。女孩们不会成为她们自己从未见过的样子。

看起来，在许多重要方面，我们与女儿的相似之处要远远多于与她们的不同。这多么令人绝望和悲哀。

但是，承认这种相似性，同样充满着可能性。如果我们接受关于我们需要在影响女孩和其他女性方面做出努力的观点，就有机会在女儿面前把一团乱麻变得井井有条。我们不再需要坚持表面上的"母亲无所不知"和尝试去为她们搞定每件事。或者更糟糕的是，对她们做出的不健康行为而产生的怒气，只与我们自己相对应——青春期女孩是多么讨厌伪善啊！

跟女儿建立更深层次的联系

我们可以与女儿一起，做一些更了不起的事情；在一起，我们能够找到新的关系模式，达到更深层次的共识。在这本书中，我想让你来挑战一些事情：跟你的女儿、侄女、继女等等身边一切与你有亲密关系的女性形成一种新的关系，同她们一起作出改变。不要像其他家长读本上教你的那样，把目标仅限于"熬过女儿的青春期"。让我们以更长远的互相尊重、更多的回报为目标。

如果你目前正处于与女儿尖叫争吵或是冷战的困境中——没错，我确实知道十几岁的女孩天生擅长把怒气发泄在最亲密的人身上——难怪那些能帮你在这场战争中幸存的书籍会对你产生吸引力。但是，那种"母亲和女儿无法和平相处，十几岁的女孩简直就是地狱"的陈辞滥调是不是有点过时了？这种观点对于双方都是不尊重的。

与我们中的许多人一样，如果你多年来一直在被灌输"女性之间应如何对抗"的问题解决策略，那么我接下来想介绍的通过自我发现来开启一段更加感情相通的旅程的家庭教育方式可能会显得过于简单了。或者，如果你目前正在与你的女儿处于冲突之中，那看起来似乎难以实现。我向你保证，我并不准备让母亲们感到更加无所适从，因为她们现在已经足够不知所措了。女孩们可能非常善于怒气冲天，但是女人更擅长感到内疚——我们天生擅长为每一件错事责怪自己。

我不是那种"妈妈警察"，也不是那种让别人感到自己做的每件事都是错的，然后自鸣得意的教育专家。在我刚成为母亲的时候，我发现自己特别容易受到这些人的影响。我的女儿泰雅刚出生时，面对这个新生的、一切看来都太完美的小生命，我为自己应该做些什么而感到无比困惑，夜不能寐。我认为自己应该成为一个完美妈咪，她值得我付出一切。那些绝望而困惑的日子里，我疯狂地阅读能找到的每一本书，当我发现每本书所持的观点都不一致，甚至互相矛盾的时候，我变得更加困惑了。最后，一个名为罗宾·贝克的澳大利亚人所写的《爱孩子》一书，引起了我的共鸣。为什么？因为他注重孩子天性的需求，"爱"被放在第一位，就连在标题中都有所显示。毕竟，难道"爱"不是一切应该围绕的核心吗？泰雅需要的并不是一个完美的母亲，她需要的是一个快乐、自信、有爱的母亲。

你的正处在青春期的女儿同样也不需要所谓的完美。我这个观点可能会令你感到吃惊，在我接触过的上千名青年人中，包括那些问题青年，只有极少数人质疑过她们父母的教育技巧，或是说她们希望自己的母亲更加善于教导孩子，更加苗条，更加美丽，更加成功。除此之外，她们告诉我她们想要更多时间，更多的爱，更多的心灵沟通，更多的幸福。

我相信，一切关键都在于心灵的沟通。与其把青春期看作是一个母女之间不可避免地会产生冲突的阶段，不如试着把它看成是能够与女儿建立一种新的联系、让母女关系达到一个新的水平的时期。心灵沟通应该是容易做到的。她的痛苦可能也是你的痛苦。她的纠结挣扎也可能正是你在经历的。

不要误解，我并不是建议你停止作为家长的义务，去成为你女儿新的"好姐们儿"。年轻人经常向我反映的另外一件事情是，她们想从父母身上得到的是更多的做事原则。你的女儿需要看到一个强大、自信、健康的女性是什么样子，她是怎样面对错误和挫折的，她如何设立原则，她如何要求公平对待，不管是在家里还是在社会上都是如此。如果你不向她展示这些，那么还有谁能这么做呢？

近些年来，有一部分书专门是针对青春期少女面临的色情化、商业化和充斥着各类媒体的文化困境的。这些书是有价值的，因为它们真正洞悉了青春期少女的世界，但是它们也同时会让我们处于一种绝望状态，认为在我们女儿的世界中作出一点改变是非常困难的事情。但事实并不是这样！这里有一些实用的方法，我们能够采用它们，努力让一切变得更好。

我觉得妈妈能做的最好的事情就是在需要的时候一直都在我身边。只要她值得信赖就可以。我们需要知道这个世界上有人爱着我们，会聆听我们，一直站在我们这边，因为我们总是会感到没有其他人能帮助我们。我的妈妈不需要帮我解决问题，因为有时她解决不了那些问题，但是她只需要真正地聆听我谈论这些问题，并且将它们从我的世界中清除出去。

露西，16岁

　　母亲们需要证明她们是足够强大的女性，知道她们的优势和弱点，并能够带着它们生存，不管别人会怎么想。这是一个很高的要求，但是我们能够做到。

阿米莉亚·托弗里，圣布里吉德女子学校校长

管理蝴蝶效应

"蝴蝶效应"这一概念来自于科学中的混沌理论。这种理论认为，世界上的一切事物都存在内部联系，一只蝴蝶在世界的某个角落轻轻扇动几下翅膀，就可能在遥远的国家造成一场飓风。初始条件下微小的变化能带动整个系统长期、巨大的连锁反应。我希望你能意识到，你的行为和言语（甚至包括那些看起来不重要的言行）对你的女儿的影响，就如同她的同龄人和媒体给她的影响一样巨大，从而管理好你和女儿关系中的蝴蝶效应。

我相信我们都能接受并且从蝴蝶身上学习的是：它令人惊叹的生命周期。玛雅·安吉罗这样写道，"我们为蝴蝶的美丽而感到愉悦，但是极少承认它为了美丽而历经的变化过程。"这是对母亲和女儿双方都奏效的一句话。青春期少女历经一个迅速、有时又显得有些艰难的变化阶段；同时，母亲们可能发现自己也正在与女儿一样为了相似的问题而努力。这本书是一个公开的邀请，让母亲来经历与蝴蝶相同的逐渐演变的过程，当然，是与女儿一起。

就像我在工作中与少女们一起做的那样，这本书中我试着让你的头脑、双手和心灵全都参与进来。

针对你的头脑，我提供相关的研究和数据。

至于你的双手，有一些实用的事情可供你立刻去做，并且从长期来看，你能够做出一些改变来帮助你和你的女儿。在接下来每一章的最后，你会发现我给出的行动计划和一些格言。每一个行动计划都提供手把手的建议，来帮助你与女儿一起面对该章节中提到的种种问题。格言都是短小、积极向上的，你和女儿可以用它们来鼓励自己，或是规划一条生命中的新路线。一些人发现，当他们每天早晨起床的时候，重复念几遍这些格言，对于自己非常有帮助。另外还有人在面对困难时，会从格言中寻求力量。一些人喜欢把它们写下来，贴在家里各个角落，或是将它们写进日记里。

在本书的结尾，你会发现一些附录。这些附录中有许多实用的活动，你可以和女儿一起进行，也可以独自进行。我曾经与青春期女孩及她们的母亲进行这些活动，得到了她们非常积极的反馈。

最重要的是，在本书中，通过分享我自己以及那些我遇到的女孩们的故事，我希望能够打动你的心。我希望书中的建议能够引起你感情的共鸣，因为我相信这是任何人都应该跟随的唯一建议。

我的策略核心永远是爱和欢笑——这并不软弱，也不是空想。研究清晰地显示，建立积极乐观的情绪，与其他人建立健康的关系会让我们感觉更加健康和愉快。也有可靠的证据表明，当我们与青春期孩子们相处的时候，我们需要变得更加温暖，给予别人更多关心，同时更加坚定。

为你的女儿调整蝴蝶效应

在本书中，我并没有像一般的教育类书籍那样把青春期分为早期、中期和晚期三个阶段，因为我相信我所讨论的问题在全部三个时期内都会对女孩们产生持续的影响。

我特别为高中女生设计了独创性的启迪教育课程，没有想到小学生也同样需要我们所做的工作。当然，难道11岁的女孩就没有开始怀疑自己，进行"攀比然后失望"的游戏吗？很明显，答案是肯定的，在小学的最后几年，同样的问题也出现在女孩们身上。"我们发现年仅10岁的女孩也会严重缺乏自信，因为外表而遭到欺凌，或者处于严重饮食失调的风险之中。"伍伦贡地区圣约翰·维亚内小学的宗教教育主席弗兰·辛普森解释道。"即使那些正在享受童年时光，尚未开始为变成一个年轻女性而烦恼的女孩也应该看看这些建议，因为如果现在我们能给予我们的小女孩与其年龄段相匹配的信息，那么或许就能够避免她们遭受流行文化中有害信息的侵害。我们想积极、具有前瞻性，而不是消极。为什么要等到女孩们上高中、开始出现种种问题之后才开始解决问题呢？"

与之相反，成人有时候会低估青少年对家长指导的需要。我在工作中遇到过一些已经15岁的女孩，她们仍然不知道怎样去交朋友，或是如何把学校的事情处理得井井有条，而这些事都是家长们理所当然地认为女孩们在刚进入青春期的时候就应该掌握的。

每一个女孩都是特别的，我们判定的标准不是你女儿渐长的年龄，而是她不同的发展阶段。在许多案例中，本书中提到的建议会非常适合你的女儿，但是在其他一些情况下，你可能需要做一些调整，让它更加适合你女儿的具体情况。毕竟，你是最了解她的人。

作为一个普遍规律，小女孩都是具体思维者，这意味着只有当给予她们具体的例子或是能够被立刻采用的特别方式时，她们才能给出最好的回应。她们可能需要鼓励，来逐渐形成用语言表达周围事物对她们的影响的能力。由于锻炼出了抽象思维能力，她们逐渐能够使用假设和假想。她们的眼界拓宽了，思维得到拓展；她们开始考虑自己行为产生的意义；她们能够更好地树立未来的目标；她们可能同样喜欢提出各种各样的问题，向他人的观点发起挑战。

我写作这本书的目标一直都是让我关于女孩和成年女性的建议和思考伴随她们年龄的各个阶段，我希望你同样对书中的建议敞开心扉。从现在开始改变你的想法，开始一段与自己的全新对话，这一点也不晚。

最后，必须承认，有时候一想到自己在写作一本关于家庭教育的书，我就感到手足无措。难道这不是在暗示我在如何做家长方面是专家吗？事实上并不是这样。我只是每天都在尽力做到最好。我不是一个全知全能的专家，也不是一个理论家。我是一个老师，一个实践者，一个母亲，一个女人。这本书的目标在于分享我对于青春期女孩的理解，我的观点，我对她们的情感以及我尝试过的有效的策略。

已经说得够多了，现在，让我们正式开始吧。

第
二
章

自我的战争

2007年，一个称自己为"Mememolly"的年轻英国女孩在视频网站YouTube上展示了她为自己的身体所写的"致歉情书"，带来了一股全新风潮。她列出了身体的各个部分——她的双脚、胳膊、耳朵、眼睛，并且讲述她为什么要感激它们。她的做法得到了大量回应，大批网友也通过上传视频，告诉世界他们对自己身体的看法。

从她们身上得到灵感，在我38岁的那天早晨，我坐下来，开始为自己的身体写一封感谢信：

亲爱的身体，

非常高兴我们能一起慢慢变老。

谢谢你，我的双脚，你们是那么美丽。我喜欢趾甲上涂上甲油的样子，尽管我并不总是对你们很好。我已经不再那么频繁地穿那些恨天高了，但是，我们都知道，高跟鞋已经对你们造成了伤害。

谢谢你，我的双腿。你们真是棒极了；你们如此修长，就算我吃了一大堆垃圾食品，你们也几乎从来不会走形。你们让我在很多场合都感到自己很有魅力。

肚子——我应该说些什么呢？你是一个微胖的小东西，难道不是吗？我锻炼你，试图让你往回收敛一些，强迫你成为像"BJ单身日记"女主角那种成熟的风格，但是你总是让我无法抗拒。

胸部——你非常可爱，也同样让我无法抗拒。你让我感觉自己很有女人味，你喂养了我的两个孩子，那真的很了不起。我永远对你充满感激。

胳膊，我身体的特别部分。左胳膊——你看上去用处不大，不是吗？我不用你来写字，而且你也没什么独特之处。但是右胳膊——是的，你肯定有话要说。现在我开始喜欢你上面因为烫伤而留下的疤痕了，真的，的确如此。你让我强壮、独特，告诉世界我是一个勇敢的女孩。我很抱歉，因为在小时候，多年来我总是把伤痕隐藏起来，但是当时我还不知道怎样去面对和处理这种看似很严重的事件。我们得一起经历健壮、衰老，最后终归尘土的过程。

脸——你表现得不错。你有形状优美的眉毛，就算有一点皱纹，也是我生活过、欢笑过、忧愁过的证明。

头发——很抱歉我曾经漂染过你，你明明好端端地生长着。但是我也曾让你享受过高档洗发水，还让我的女性朋友帮你做头部按摩。

感谢你，我的身体，陪伴我这么长时间。你是那么强壮，适应力也很强。你几乎从不生病，你能够忍受强烈的疼痛。你是一个强健的身体。

生日快乐。

XXXXX

伤疤和恐惧

在两岁的时候，我曾被严重烧伤。我的脖子和右边胳膊全部遭到三级烧伤。就像经常发生在烧伤者身上的事情一样，我产生了两种继发性感染：风疹和具有潜在生命威胁的金黄色葡萄球菌感染。

我的曾祖母烧伤了我，当我正坐着等待吃早餐时，她把滚烫的炒菜用油倒在我身上。身为一个小女孩，我总是告诉自己那只是一个意外，但同时我也产生了一个疑问：为什么从此再也没有人提起她，更别提与她见面了？为什么我们还没有原谅她？我很想知道答案。毕竟，人生中难免会发生意外。直到我长大一些，真相才浮出水面。曾祖母的状况一直不稳定，在我的祖母还是一个小女孩的时候，曾祖母同样也对她显示出了暴力倾向。于是，每个人都本能地认为，曾祖母是故意烫伤我的。

我不记得她是否是故意这么做的。但是最后，当这件事情已经发生，无法挽回的时候，我选择不要总是把注意力集中在追究她是否故意这一点上。它已经发生了。

我记得些什么呢？我记得我祖母的脸，当她听到我的尖叫，从门口进来看我的时候，她脸上的表情看起来充满痛苦和惊讶，当时我想自己一定伤得很严重。我同样记得我的医生。当时我在医院住了差不多六个月，他成为我生命里的中心人物。他为人亲切，态度温和，对我百依百顺。对他来说，我是一个特别的女孩。任何一个敢让我等待得过久的护士都遭殃了！我记得礼物来自一本特别的书，或许这就是我与文字"恋爱"的开始。我喜欢别人读书给我听，书中具有神奇能力的公主，还有其他小女孩面对危险最后取得胜利的冒险故事把我从疼痛和无聊中解救出来。

我从文字中寻找安慰。当然，当时我还不会阅读，但是当我害怕的时候，我会一遍又一遍地反复念"咒语"："你会好起来的，一切都会好的。"这是我的秘密句子，它能给我勇气和力量。

能够拥有这些记忆，我是幸运的，因为我被爱着，宠着，保护着，强大着。

对于我的家庭而言，黑暗的记忆始终存在。那些我换衣服时因为疼痛而在床上翻滚、被告知胳膊可能面临截肢、被告知也许还要再做一次植皮，以及一次又一次地被认定生存希望渺茫的种种回忆。

但我幸存了下来，并且保住了胳膊。上面红色、隆起、扭曲的肉，让它看上去与我的朋友们的胳膊如此不同。手肘附近有一片皮肤，总是在我伸直胳膊的时候变得紧绷绷的，而当我弯曲手臂时，那片皮肤又松垮垮地垂在一边。但是，当时我还是个孩子，这点事情并没有对我造成困扰——毕竟，肉体只是组成生命的一个部分而已。

我是一个忙碌的、有点蛮横的小女孩。我有一个亲爱的姐姐可供我发号施令，有许多棒棒糖等我来吃，还收集了很多芭比娃娃，另外，开学之后，还有大量书本让我一一阅读。童年时候，我的身体不过是一架带我经历一场又一场冒险的机器。当我想和朋友们在沙滩上玩耍的时候，我只要让妈妈把爸爸的袜子剪掉趾头部分，然后套在胳膊上防止阳光照射伤口——问题就这样解决了！

我长到十岁时，事情发生了改变。我开始注意到男孩们，也开始注意那些被男孩关注的女孩们。在学校，男孩子们倾心于"阿尔法女孩"①，她们受欢迎，漂亮，还擅长运动。我长得也还不错，也有几个亲密好友，但由于我对阅读的兴趣超过了球赛，所以我肯定不是当"阿尔法女孩"的那块料。在学校，我接受到如何界定美和性感吸引力的信息，我的芭比娃娃、电影《霹雳娇娃》和ABBA乐队都告诉我，要成为一个被人渴望的女人，我必须苗条、美丽，打扮得无可挑剔。伤疤的存在是绝对不允许的。

进入青春期，与大多数女孩一样，我开始了一个新的自我审视过程。我不再用念咒语来自我治愈。相反，我陷入了黑暗的、自我毁灭的想法中，总是不断告诉自己，我还做得不够——不够漂亮，不够苗条，不够受欢迎。这种不满源于我的疤痕变得越来越难以忽视。我仍然是那个聪明、有理想的女孩，但现在我满脑

———————————————

① 阿尔法女孩：指不受传统的性别角色约束、比男孩更出色、更有能力的女孩子，由于这些女性精英相当优秀，几乎是"第一""最好"，故以希腊文的第一个字母"α"（阿尔法）形容之。

子都是要怎样才能把我的伤疤严严实实地藏起来。

于是，我选择隐藏。我把胳膊隐藏起来。夏天，我要在夏季校服里面穿上一件长袖内衣，而且一年四季都穿长袖衫。我基本不去泳池和沙滩。我的胳膊看起来不再像原来那么瘦小了，在我眼中，它是如此巨大的存在。在我原本前程光明的生活里，我不得不带着这个巨大、恐怖、丑陋的肢体生活下去。

没错，青春期女孩都擅长把事物戏剧化。

我回忆起15岁时做过的关于"如果胳膊没有烧伤的话，生活将会怎样"的白日梦。我个子很高，还有一双修长的腿，所以我幻想着，要不是因为这条胳膊，没准我会成为一个比基尼模特。作为一个处于青春期的女孩，我是多么想当比基尼模特啊！事实上，对于许多青春期女孩来说，真正具有吸引力的并不是模特这种工作，而是它能够证明自己的身材与众不同，以及随之而来的荣耀感，值得别人瞩目。我想，"如果我看起来是那样，他们就会爱上我的……"

在学校，遮挡伤疤的办法不仅包括用衣服袖子盖住它，还包括表现得非常自信。我知道如果自己表现出脆弱，就立刻会成为众矢之的的。于是，在闲暇时间里，我与一群热衷于相互攀比的同龄人玩在一起。我去上了一所女校，每天的午餐时间就好像生活在时尚杂志里，我们聊的话题都是现在流行什么款式的衣服，或者哪个名人最红。我们可能还无法掌控生活里的许多元素，但是通过嘲笑他人却绝对能控制住别人。我们给彼此的排名也许并不像智力竞赛的得分一样能高高举起、显而易见，但它却深深植根于我们心中。

不管是过去还是现在，女孩们的排位游戏规则并不难以掌握。只要让你的伙伴们认为你是个红人，尤其是让男孩子们觉得你很时髦，那么在这个游戏中你就能拿高分。拥有一个让众人羡慕的男朋友意味着你在小团体中的排位立马能飙升到最高点。我很幸运地把隔壁男校的校草①变成了男朋友，几乎一夜之间，我从"学习天才"升级成为每个人都想认识的女孩。一年之后，他认识了一个比我更热辣的女孩，于是抛弃了我。那个女孩年仅14岁时就成为出现在女性杂志里的时尚模特，而且平时购买那些只出售给富有的30岁左右女性的品牌。我的计划表中列在第一位的梦想就此破灭了。我感到了最深的恐惧。那个最美丽的女孩确实赢了。在我看来，这次分手完全是因为我不够美貌。另外，由于他不顾我的疤痕而依然爱上我，反而让他变成了神一样完美的存在，于是整件事情看上去更加悲剧了。

回想一下，我发现这一切都那么荒谬。我聪明、风趣，而且热烈地爱着他。可他与我在一起时，却没有给过我任何帮助！现在让我觉得奇怪的是，以前我从未停下来思考一下，也许我和这个男孩分手是因为一些除了外表以外的原因。也许原因就如同男朋友当时告诉我的那样——我们之间相处的压力太大，又或许，我们之间产生了隔阂。也许他只是一个笨蛋。事实是，当一个女孩真正美丽，她不能仅仅拥有美丽的外表而已。

只有在我成年之后，作为一个老师，才最终发现了与自己的烧伤和平相处的办法。如果我不能接受自己，又怎么能让我的学

---

① 校草：指学校中最帅的男生。

生去接受他们自己呢?

我一再寻找合适的语言来表达自己,最后我在一些女性身上找到了我想要的:比如,女性作家娜奥米·沃尔夫在《美貌的神话》一书写道:"我们不需要去改变我们的身体,我们需要改变规则。"又如,索菲亚·罗兰说过:"没有什么比自信更能让女人变得美丽。"我班上的那个小女孩则这样说:"我喜欢你伤疤的样子,千万不要让它们左右你。"这些话语让我的心灵得以痊愈。并且,我对自己的关注从自己的弱点转移到了长处上。我很好,一切应该都会好起来的。

一切都很不错,要比"还好"的程度更好一些。不再质疑自我,生活变得那样美好。我爱,并且被爱。作为一个自信的二十来岁的年轻人,我的生命在发光。一张照片让我回忆起我去南美的亚马逊度蜜月的一些往事。那张照片拍摄出了真实的我,我看起来健康又强壮。我穿着一件衬衣,咧嘴大笑着。我和丈夫在丛林中跋涉,偶然发现了一个小村子。当地儿童看到我烧伤的疤痕,立刻四处跑开,躲藏起来。导游告诉我们,因为他们很少见到大面积的伤疤,所以他们非常害怕,以为我快要死掉了。在亚马逊,由于没有自来水和电,如果你受了重伤,就很可能死于感染。我让导游告诉那些孩子我很好。一个接一个的,他们围了过来,触摸我的胳膊,玩着我的头发,并用当地语言告诉我,我是一个强壮的、勇敢的女孩,一个勇士。

是的,我是一个亚马逊勇士。我拥有的并不仅仅是我的身体。在我丹尼尔·米勒的生命舞台上,身体是演出中的配角,它只是一个小部分。我努力地从痛恨自己的身体,转变为接受它、爱上它，爱它的疤痕和所有部分。这具身体并不完美，但我完全能够接受这一切。这就是我。

当我沉浸在大众审美中——例如穿高跟鞋、染发等等的时候，我知道，也许这些事情是非常有趣的，它们能让我感觉自己受到宠爱。有的时候，打扮自己也的确是出席某些特别的场合所需要的。但是，它们并不会让自我价值得到提升，也不能保证会有人爱我。就算我在家穿着UGG靴子和休闲裤，头发在脑后扎成拖把一样乱蓬蓬的一团，我也觉得自己一样有价值。尽管偶尔我会因为自己的胃而变得有点沮丧，我依然无法让自己讨厌它。这是我的一个部分。我的身体就像一个亲爱的朋友：并不完美，但却很可爱，给人以安慰，有时也会有点小怪癖。不论是广告中华丽的言辞，还是节食、手术和化妆，都无法像身体那样拥有带给我们幸福的神秘力量。我坚信这一点。

这多让人解脱啊！不幸的是，这是多么少见。许多女孩长大成人之后并不喜欢她们的身体。她们相信，只有拥有了形状完美的胸部、平坦的小腹，或者让鼻子变得更秀气一点，她们的生命才能完整。她们不会忍受自己生命中的"伤痕"——尽管也许她们的伤痕并不像我的那样明显可见。

与身体的战争

许多女孩是身体的奴隶。她们自以为的不完美——身上的伤疤、体重或是胸部的大小——占去了她们相当大的注意力，这会阻碍她们寻找自己身体里的"亚马逊力量"[1]。数据清楚地显示，有94%的青春期女孩很多时候都希望自己能变得更加美丽，而想要改变身体上所有部位的女孩则占到1/4的比例。

只看数据的问题在于，我们很容易无动于衷，数据从某种程度上失去了意义。但是，其中的每个数字都是一个真实的女孩——一个醒来就感到饥饿，但依然会坚持一整天不吃东西的女孩；一个陷入悲痛中的女孩；一个觉得自己不可爱、不会有人来爱自己的女孩；一个躲藏着熬过一整天，忍受着躯体戒断反应，用"我很好"这种假象来麻痹自己，通过嘲笑他人来转移别人对自己注意力的女孩。不知足的生活会带来伤害。偶尔，这个女孩会感到心中的痛苦，于是她将这种痛苦带给其他女孩，好让自己获得一个喘息的空间。她可能会捉弄和贬低别人，因为这能够转

---

[1] 亚马逊力量：在每个人体内蕴藏的勇敢、坚韧、自信、乐观的原始力量。

移对她自身缺点的注意。

当女孩们与我分享她们与身体作斗争的痛苦时，我跟她们一起流泪。

从六岁开始，我就在为了体重和身材而努力……有一次，为了变漂亮，我一个星期都没有吃东西。

　　　　　　　　　　　　　　　　　　　凯蒂娅，15岁

从小到大我一直都被人叫做"那个胖妞儿"。

　　　　　　　　　　　　　　　　　　　露西，16岁

我觉得我没有别的女孩长得漂亮。我讨厌自己的长相，因为长得不好看意味着交不到朋友。

　　　　　　　　　　　　　　　　　　　萨蔓莎，12岁

我不喜欢照镜子，也不喜欢拍照，因为我长得不好看。杂志上面的女孩子没有一个长得像我这样的，因为我的皮肤很黑。我希望自己能变得白一点。

　　　　　　　　　　　　　　　　　　　斯蒂芬妮，13岁。

通常，我不会因为难过而哭泣，我的工作室氛围总是格外让人开心。我会因为喜悦和感激而流泪。我试着去帮助女孩们，安抚她们，向她们展示生命还有其他出路。女孩们能够做到停止挑剔自己，与身体展开一场全新的对话，这样的交流能够稳定心绪，而不是之前的自我摧毁。

为了实现这个目标，女孩们需要全新的、积极的讯息，这种讯息要用真实而又充满热情的方式来传达给她们。要为她们树立起女性榜样，从榜样身上，女孩能看到她们的生命并不是仅由身体构成。

与身体和平相处

帮你的女儿重建与身体对话的第一步就是聆听你自己的内心。如果你自己都无法与身体和平相处，那么你的建议听起来就不会真实可信。要知道，青年人天生拥有无比灵敏的谎言探测器！

如果你还在与自己的身体抗争，那么你并不孤单。还有很多其他女性也同样陷入仇恨自己身体的漩涡之中。我们告诉女儿她们现在的样子很美丽，与此同时我们却又在为自己的体重和皱纹而苦恼。

我们要摆正这一切。我们得越过这些，如果你已经做到了，那非常好。如果你还在应付自己身体的各种问题，那么首先让我们来尝试抛弃一些东西。在我的工作室，我让女孩们重新审视自己关于身体的不满感受，对于成年女性来说，这也是一个同样重要的起点。我们对外表不满，有种种个人理由，比如是由曾经生活中某种经历所导致的。同样，外形条件也被社会、政治、种族、年龄和性别等因素深刻地影响着。

　　但是有一些事实是众所周知的：同青春期少女一样，我们自己与身体发生战争的原因在于身体本身存在一些问题。规模空前的信息和图像围绕着我们，告诉我们什么是衡量美丽的标准。我们所收看的电视节目、浏览的网页、收听的音乐和电台、阅读的报纸和杂志——这一切都在用诸如如何让女性变得更美、更性感、更有价值之类的信息轰炸着我们，其中却没有任何一条能够安慰心灵，或者能够提供真正关于女性魅力的意见。

　　广告或许是最有害而又无可避免的罪魁祸首。每个人每天平均能看到75条各类广告。我们能在电视、报纸、公车的车身、街道、网页上看到广告，甚至在厕所门背后都能发现广告。平均每11条广告中就有一条是关于美丽的直接信息，同时还有无数其他广告间接地传播着怎样让女性变美的内容。每天很大一部分时间，我们都在接受关于自身形象的信息。

　　现在，关于美丽的定义已经变得越来越狭窄，通通是一个颜色、一个形状、一个尺码。美丽的标准越来越难以掌握了。

　　我需要提醒自己我是一个好人，比我的外表看上去要好得多。我有一份很棒的工作，一个美满的家庭……家里有个十来岁的女儿对我很有帮助，她让我不得不重新考虑什么才能让我真正美丽，因为如果我只关注表面，那么她一定也会跟我一样。我认为，对于许多女性而言，"让自己感觉很糟糕"是一种在生活中逐渐形成的行为方式。那么，同样，"让自己感觉很棒，感觉自己是完整的"，也需要我们不断学习。

　　　　　　　　　　林妮，两个女儿（一个15岁，一个17岁）的母亲

对获得关注的渴望

如今，大多数模特都瘦得皮包骨，看上去全都是凯特·莫斯[1]的化身。在之前的30年中，时装模特和广告模特都在稳步变瘦，可是，30岁以下女性的平均体重却在不断增长。

纵观整个历史，各种体型和尺码都曾轮流被认为是完美的标准。在17世纪，画家鲁本斯正在创作他的代表作，在当时，拥有圆润轮廓的女性被认为是有吸引力的，因为她们的曲线是财富的象征。只有贫穷的劳动妇女才会消瘦，于是瘦就与地位低下联系起来。在20世纪50年代——事实上距离现在并不久远——性感女星玛丽莲·梦露被认为是终极性感女神。她与总统约会，与体育明星约会，她被人们爱慕和模仿（虽然她并不开心，并且长期生活在自我怀疑之中），但如果在今天，她肯定会被电影导演逼着去减肥。

---

① 凯特·莫斯（Kate Moss）：伦敦出生，英国超级名模。她是10大最赚钱模特的第2位，曾300多次出现在杂志封面。由于她的瘦骨嶙峋和淡棕色的无神眼睛勾勒出令人着迷的颓废气质，由此开启了自90年代开始的"病态美"时代。

时至今日，好莱坞的明星都是什么样子？在明星造型师帕翠莎·菲尔德（帕翠莎·菲尔德因为担任《欲望都市》的服装指导而出名）的"oh-so-cool"网站，我发现了初级时尚迷的必备单品——名人食谱T恤："这是另一件绝妙的以明星为灵感的T恤。明星的食谱与我们的食谱。衣服上食谱的图案由中部维持图案均衡的香烟和点缀其中的一些药片……以及任何其它药片构成。"毫无疑问，这些话并不符合现实，但它的确为引发目前女性明星以瘦为美的风潮起到了推波助澜的作用。

好莱坞明星的确是以容貌为生，但她们并不是唯一为身体之美着迷的人。我们中的许多人为了达到完美身材而节食，用香烟、药片和时下流行的混合冲剂来代替真正的食物。有些人通过催吐、泻药甚至手术的方式来清空肠胃。我们与食物原本应该十分简单的关系，现在似乎变得难以置信的复杂。健康专家警告说，我们同时还处于流行性肥胖的趋势之中。澳大利亚统计局的数据显示，有54%的成年人是超重的。大批成年女性和青春期女孩每天都在控制饮食——50%的青春期女孩表示她们在节食。悲剧的是，所有这些节食以及因此忍受的痛苦一点儿用都没有。依靠减肥食谱以及广告中那些代餐减肥的人，其中有95%在两年之内就将减掉的重量重新长了回来，甚至变得比原来更重。难怪减肥产业每年都能赚进数十亿美元：一旦成为减肥的奴隶，我们终生都无法摆脱。

减肥还有更加黑暗的一面：饮食失调的厌食症和暴食症。许多人都有过缺乏自信的时候，希望自己更加有吸引力。然而，对于一些人而言，精神上的疾病以及严重的身体与精神的脱离现象可能在青春期开始形成。虽然被饮食失调所影响的人包括各个年龄段的男女，但其中绝大多数是青春期女孩和年轻女性。最近的一些研究显示，青春期女孩中符合饮食失调症状的数量高达20%——也就是每五个人中就有一个人——她们都还是学生。至少1/5的女孩们依靠极端的节食手段减肥，比如服用泻药。一项针对12岁至17岁的青少年的维多利亚调查将38%的女孩与12%的男孩归入中度极端减肥者，也就是说，他（她）们有饮食失调的危险。一项针对11岁至15岁青少年的悉尼调查报告称，16%的女孩和7%的男孩已经使用了至少一种具有潜在危险的减肥方法，包括饥饿、催吐和服用泻药。

如今，这种观点被普遍接受：我们都应该不满于自己的身体，应该努力变得更瘦，更赏心悦目，让体型更"完美"。就像考特尼·马丁在她的《完美的女孩，饥饿的女儿》（*Perfect Girls, Starving Daughters*）一书中所说的，"我们能够受到很好的教育，有创造力，有能力，有经验，但依然无法让自己从因为吃进嘴里的每一点食物所产生的负罪感中解脱出来。"

厌恶自己身体的这种常态在每个地方都能明显地表现出来。它肯定在电视上是普遍的。澳大利亚版本的终极节食秀节目《最大输家》（*The Biggest Loser*）为其2008年的节目投放了一条广告，广告中展示了看起来很悲伤、很孤独的人们——被一片灰色所笼罩着——他们想要的比一个健康的身体更多。这条广告让我突然想起了一个叫做妮古拉的参赛者。"我只想像其他女孩子一样"，她说道。妮古拉确实戏剧性地减掉了体重。是的，在经历了鲜血、汗水、泪水和公众的差辱之后，她得以"亮相"，那是一个所有参赛者向已经期待得喘不过气的观众们炫耀自己全新身材的夜晚。我不知道她是否获得了期待已久的接受和爱，但是具有讽刺性的是，妮古拉已经跟其他所有女孩一样，把自己的身体当成了敌人。

《最大输家》的主题曲是贝克的《每人都会学到一课》，里面有句歌词是"我需要你的爱"。难道这不就是我们一直以来所渴望的——爱吗？一些人感到迷失，认为我们可能会从食物中找到爱，可随即就更加迷惑起来，因为社会总是告诉我们，只有从饥饿中才能找到爱。在情绪与我们吃的东西之间有一种已知的联系，可是这种联系似乎被围绕我们的减肥热情和新身体能够带来新生活的诱人承诺所替代了。

> 变成皮包骨并不能保证我们的幸福或者爱。
> 关于女孩要变瘦的压力实在太大了。
>
> 艾诺，15岁

> 作为一个十几岁的女孩最困难的事情就是，身边围绕着各种媒体，时刻不停地告诉我们应该让自己看起来是什么样。
>
> 艾诺，15岁

节食似乎充斥着成年女性和青春期女孩的生活，但这并不是生活的唯一组成部分。锻炼是另一个身体的战场。显而易见，我们应该尝试通过规律性的锻炼来保持体形，维持健康，但广告和媒体却总是在关注一些不太健康的减肥举动。做女人这件事本身就被描绘成一项有竞争性的运动；进行锻炼的目的更多是完美我们的外表，而不在于增进健康。因为我们知道，这能够增强自己的吸引力，让自己比其他女性更美，从而引来别人的嫉妒。

思金斯（Skins）是女性运动装品牌，它在2008年的广告语中提供了极具杀伤力的信息："男人将会爱上你，女人将会恨你。但幸运的是你并不是一个同性恋。思金斯让你立刻由内而外变成赛场上的女魔头。"又或者，看看这句怎么样："拥有令人渴望的身体。然后看着女人们因嫉妒而排队等待某天能亲自参加你的葬礼。思金斯对于那些热爱指甲陷入后背的感觉的女性来说无比完美。"

将体育运动或者锻炼的重点仅仅放在作为获得完美身材的手段上，这观点已经足够丑陋了，而且还试图让女性相互敌对？真是可笑。

同样丑陋的还有布鲁克斯（Brooks）运动品牌的广告，其中宣传了公司对于乳腺癌治疗的支持。这是一个不错的行为，但是他们对此事的宣传形象却是两个奔跑着的女性跑步者，她们在跑步的同时胸部不断上下跳动，这时字幕上写着："不错的一对儿！"

运动装也许不那么暴露，但广告语却十分露骨：运动要看起来热辣、热辣、更热辣。这些广告导致女孩们将运动作为控制体重的手段而出现过度运动的风险。研究清楚地显示，过度运动与饮食失调密不可分。

这些广告同样孤立了那些既不喜欢残酷竞争，也不想让自己看上去像一只穿着运动鞋的山雀的女性。让女孩们活跃起来并不那么容易，这些信息对她们真的没什么帮助。让女孩们进行符合健康水平的活动是如此重要，以至于2006年澳大利亚参议院调查了女性参与体育运动的状况。这项调查的一个结论是女性运动装可能会阻碍女性参与运动的热情。如果他们近期的广告语需要有所依照的话，看起来运动装厂商还没有完全留意到这份呼吁生产舒适、实用、样式招人喜爱的运动装的报告。如果要为你女儿关于身体的焦虑寻找原因的话，尝试与她的学校沟通，看是否可能允许女孩们为运动制服增添一些自己的小设计。或许能够允许提供更多个人选择，比方说，宽松的设计款式。

女孩和成年女人都亟需更多积极的关于健康、保持体形以及参与运动的讯息，就如一条阿迪达斯女性运动广告语所说："把尊重、自信和内在力量作为运动的回报。以自己的规则参与运动。去健身房吧。没有什么是不可能的。"这话说得没错！

总是撒谎的镜头

许多我们尝试去达到的关于美丽的标准甚至并不真实存在。通过数码手段修饰不完美之处的潮流——包括修饰掉那些让我们看起来独特和有趣的特征——影响了每个在广告中见到的形象，以及很多名人的照片。曾经，摄影师的职责是捕捉模特或者明星身上最美丽和最独特的一面。今天，她们的照片被做出各种修改，直到完美无瑕，达到符合大众审美的标准。

不是只有杂志和广告商才会对图片进行裁剪、润色、擦除和增强等处理。普通人也想对照片做一点手脚：在facebook和Myspace等社交网站上正刮起一股对照片进行修饰的风潮。英国的Snappy Snaps胶卷冲洗连锁店的最新消息显示，在三个月之内，这家店的数码修改照片业务增长了550%。颧骨被拉长，雀斑被消除，连牙箍都能被移走。我们需要等多久，直到我们见到的所有照片里的女性形象都模糊成一种均匀的、遥不可及的美丽模板？

我们乐此不疲地玩"对比和失望"的游戏，与看起来很完美的女性照片做对比。但照片并不真实，我们的身体才是真实的。对于有些人而言，失望转化成为对"剪切""粘贴"的渴望——不在电脑屏幕上，而是在真实生活中。

整形手术并不美妙

　　我们的差异、不完美和身体留下的疤痕都让我们独特。可是从媒体获得的讯息却在告诉我们，这些差异是导致一切错误的原因。

　　明星们彼此都变得越来越像。许多人整成相同的厚嘴唇、雕刻般的颧骨、大大的眼睛和一丝皱纹都没有的额头，这种相貌现在实在太时尚、太流行，以至于《纽约》杂志为它专门创造了一个名词："新新面孔"——一张以最新化妆整形手术填充出来的"娃娃"脸——代表人物有诸如麦当娜、黛咪·摩尔、米歇尔·法伊弗和丽兹·赫莉等明星。

　　女人不再被年龄所限制，必须永远保持精致和整洁，时刻警惕时间带来的伤害——尽管总是有人委婉地提醒我们，我们会"重新年轻"起来的。当每人似乎都在这么做的时候，它看起来真的还是那么糟糕吗？

　　现实中，电视节目对于拥有全新胸部的年轻女性表现出明显偏爱。克瑞斯特·福斯凯特和她的母亲在踏入"老大哥"（*Big*

Brother）节目演播间之前向胸部注入了用于增大的硅胶。在2008年9月，男性杂志《Ralph》为另外一位被"老大哥"节目淘汰的选手布里奇特拍摄了写真，她穿着规定的性感贴身内衣，自豪地展示她的隆胸效果。令人担心的是，她周围环绕着各式孩子喜欢的小玩具，手里还拿着一个玩具婴儿娃娃。她称赞她的室友比安卡的大胸部，表示如果她是澳大利亚总理，她会"让每个人都免费做丰胸手术。我认为男人都会喜欢的。"

人们很容易认为以上这些不过是一个疯狂崇拜者空洞的夸夸其谈罢了，然而事实上，主流人群中，女性正在用整形手术和其他美容疗程作为提高自身关注度和寻求渴望已久的自我确认的手段。目前，整容、丰胸手术以及向嘴唇中注入胶原蛋白这些手段已经远远不够了。"阴道回春术"现在也十分流行。看来，女性似乎需要重塑身上的所有部位。

女性渴望拥有明星般的面孔和身材，这并不难理解，可是她们想要跟时装设计师一样的阴道又是怎么回事？"现在女人也剃须"，整形外科医生、泌尿专家加里·J·奥特说道，他在比弗利山和曼哈顿都有自己的办公室，并且独创了自己的"阴唇轮廓整形"技术，"现在女人也看色情片，并且更加注重外表。"

现在，并不只有富人和名人才会成为手术刀的粉丝。美国整形外科医生迈克尔·萨尔肖出版了一本图画书，尝试向儿童解释她们的妈妈所急需进行的手术，书名叫做《我的漂亮妈妈》（My Beautiful Mommy）。书中的妈妈向女儿解释自己为什么需要手术："你知道，当我变老了，我的体型随之变化，于是我再也穿不进原来那些衣服里了。迈克尔医生就要帮我搞定这些问题，让我感觉更好。"

可是，她真的会感觉更好吗？改变我们的身体能够保证心灵也发生改变吗？整形手术能增强自信只是一个神话。事实上，一些研究显示，有很高比例的女性在接受丰胸手术之后，依然陷入抑郁甚至自杀倾向之中。

当我们急于改变自己的时候，就已经在向我们的小女儿传递有害讯息了。更糟糕的是，肉毒杆菌已经被年轻女性作为预防皱纹的有效武器。在一款针对青春期女孩的线上游戏"Miss Bimbo"中，玩家赚取信用，用来购买减肥药片和整容手术。

这仅仅是一个无害的游戏吗？不，这简直太疯狂了。

必须认识到，我们有能力抵抗和改变现在被女性作为奋斗目标的那一套有害的标准，这很重要。

我们有力量创造属于自己的全新的、珍爱自身的社会。

我们有责任——为了我们自己和我们的女儿——结束眼下的疯狂局面。

行动计划

做一个好榜样

你的女儿会观看、聆听并且学习你对待身体的方式。不要小看你对她造成的影响，不管这影响是好是坏。来自新南威尔士大学的媒体专家凯瑟琳·隆比展开了一项针对小女孩和她们媒体消费的为期三年的研究。她说，研究表明，"毫无疑问，女孩们对于来自外界的关于外表方面的压力十分敏感，但是她们的压力并不仅仅来自媒体，同样来自她们母亲树立的各种行为榜样。"不要再不停地称自己的重量，停止强制节食，别再谈论关于不满意自己外表的话题。说比做要容易，我知道，但是如果你需要的话，专业人士的帮助是很有效的。

告诉女儿，你爱她这个人，不仅仅是因为她的长相。当我告诉女儿她很美丽的时候，我会确保同时也称赞她的至少两种其他品质，例如，"你很漂亮，而且还聪明、有趣、善良、热情、强壮、勇敢、智慧……"澳大利亚反性别歧视、反年龄歧视委员会委员伊莉莎白·布罗德里克告诉我，她与女儿形象问题进行了长时间谈话，她觉得女儿作为一个小孩，对于自身形象问题关注得有些过多。伊莉莎白说："我曾经问她'谁最爱露西啊'？她回答说'妈妈，爸爸'。我纠正她说，'不对，露西自己必须最爱露西。'我相信她会在我们对她的爱中慢慢领会到这一点。"

当你谈论女儿的外表问题时，谨慎选择你的措辞。女孩们对于有关外表的评价都高度敏感，而且极擅长捕捉话语中暗含的信息。任何关于体重或者外表的虚假评论都会被她们听进心坎里。

让父亲也共同参与。不论是在家中还是在外面，父亲对待女性、与女性交流的方式都是非常有影响力的，因为女儿最先开始与男性接触的经验就来自于自己的父亲。喜剧演员唐·弗兰奇在她的经典著作《亲爱的脂肪》（*Dear Fatty*）中提到了一个关于父亲所具有的巨大影响力的感人事例。唐回忆，她的父亲曾经说她是"一个出众的美人，一个耀眼的、高雅的、了不起的年轻女性"。她回应道："我的父亲在那天给了我一副'盔甲'，从那时一直到现在都在保护着我。我恐怕不太相信关于称赞我是最优秀的那部分话语，可是我却坚信自己是有价值的。我的自尊即使经过几次打击，却依然保持着惊人的完整，它是我最强壮的核心，我的精神支柱，这一切都要感谢我的父亲。"

提倡健康的饮食和锻炼，不要强迫女儿减肥。帮助女孩们改善身材的最实用的一种做法就是运动。来自澳大利亚和美国的研究都发现经常参加体育锻炼的女性要比那些不运动的人具有更良好的形象。参与运动能带来同事、家庭和朋友的认可，让女性感觉自己是有能力、有竞争力的。这些积极感受能帮助塑造良好身材。

理解

简单地忽略女儿对外表的关心，是不现实、不公平的。对我们成年人来说，那只是一些琐碎的、不重要的念头，但在少女的世界里，融入群体、被他人认同对她们而言非常重要。外表是青少年使用的一种用来相互攀比的有形手段。与其认为女儿的想法太琐碎，不如帮助她来建立正确的认识。鼓励她去发现身边其他女孩身上的优秀品质，也去寻找自己身上的闪光点。友善地对待她，并且鼓励她也同样友善地对待他人。

警惕形象危机的早期征兆。饮食失调的早期特征可能会包括以下一种或者几种：体重大幅减轻，长期节食，过度运动，不合群，只吃某种食物，食欲的变化（拒绝进食或者暴饮暴食），失眠。去寻求专业人士的帮助，即便女儿也许会告诉你这没什么好紧张的。正在经受饮食失调折磨的女孩们总是会否认自己的异常。

一部分青春期女孩会自残。比如用切割这种方式，她们用尖锐物体在身体上割出伤口，尤其是在胳膊和大腿的位置。实行自残的女孩也可能用火烧或是击打自己。早期警戒特征包括伤痕和频繁出现无法解释的伤口。这种行为是自身压力和焦虑情绪的反应，可能由形象问题、学业压力、消极的人际关系以及一切女孩可能面临的问题所引发。这种情况应该引起健康专家的注意。

你能在第七章"愤怒与绝望：危机中的女孩们"中找到更多有关饮食失调和自残的内容。

帮你的女儿选择媒体

虽然我并不认为媒体应该为"将女性作为玩物"这一风气负全责，但我相信，媒体在其中起到了关键作用。留心一下你女儿读到、看到、听到的东西。年轻人需要以批判的眼光看待流行文化，找到独立分析媒体信息的工具。鼓励你的女儿成为一个积极的读者和观众，不要仅仅被动地吸收媒体信息。向她提出这样的问题："这部剧里所有的女演员身材全都是一样的，你认为这是为什么呢？""看完那本杂志，你对自己的身体有什么新看法？""你觉得他们离开这个节目之后，还能保持住减肥成功之后的体型吗？"

一起写一本解毒日记

不管媒体是怎么说的，我们的身体本身并没有毒害。我们并不需要持续戒断，来净化身体，消除毒素。但我们的思想可能会需要进行一番清理。一本解毒日记是关于恢复的记录，是一场从憎恨身体到爱上身体的转变之旅。以下是一些所需的条件：

一个能够激励你的女性形象

那些能让你对自己感觉良好的、来自朋友的信件和留言

一些正确主张，比如本书中提到的那些

能激励你的格言

自己在里面看起来并且确实很开心的照片

鼓励女儿写下解毒日记，并且自己也写一本。如果在做这件事的时候你感觉很轻松，或许你会想要与其他人共同分享这些。你的日记不应该把注意力放在关于身体的恐惧、不安全感和其他消极思想上。虽然写这些东西是一种发泄方式，但同时，这种行为也会带来风险：它让你被消极方面困扰、一遍又一遍地回顾过去，不断重新碰触旧伤口。

感谢你的身体

女性的身体令人惊讶。当我第一次哺乳的时候，我简直不敢相信：我的乳房怎么知道如何产生乳汁？我的身体用这个秘密来滋养生命。与其批评你自己，不如赞美身体让你满意的部分。关注积极的方面，给予它们全新的重视。

把自己看做一个完整的人

你并不仅仅是你的胸部、屁股、大腿的组合——就像我也不只是我的胳膊一样。当我们用对身体的眼光来看待自己和其他女性（包括自己的女儿）的时候，我们忘记了我们是真实完整的人。

有一次，我发表了一个演讲，与学生们度过了愉快的一天，她们每时每刻都处于我们机构的眷顾和爱护之中。但随后我与她们的老师的谈话过程让我感到惊讶。这位老师从头到尾都坐在那里跟其他同事高声讲话，当时我认为她一个字都没听进去。

我只猜对了一部分。那天晚上，当我准备给女孩们的父母写

信的时候，她对我说，"我听了你今早的一部分演讲。你曾经被
烫伤过？那没有关系。至少你的脸还是那样美丽。"我能说些什
么呢？她完全没有抓住重点：我真正的美丽与我的外表关系不
大。幸运的是，她的学生知道我想要传递的讯息。在那天结束的
时候，每个小女孩都排着队拥抱我，亲吻我，当她们告诉我我很
美丽的时候，我知道她们懂得了全部的我。

全面地看待你自己，还有你的女儿。

树立其他健康的榜样

在一个杂志版面全都被各种垃圾名人占据的时代，寻找一个
良好的女性榜样是一种挑战，可是这却非常重要。我和女儿都为
一个虚拟女性形象而着迷，她就是神奇女侠。我们并不是因为她
穿着闪闪发亮的制服而爱她。神奇女侠是一个聪明的小妞。当其
他超级英雄排队领取超能力的时候，他们通常会要求透视眼、射
出网或是超人的速度。神奇女侠，一个亚马逊人，想要的超能力
是"获取真相的能力"。她用金色绳索捆住坏蛋，强制他们说出
真相。语言确实有这种力量，不仅包括围绕我们的各种话语，还
包括我们自己说出来的那些。

一个寻找榜样的良好资源是美国网站The Real Hot 100
（网址是www.therealhot100.com），里面有努力挑战自己、
实现自我的年轻女性，还有她们的社区。要记住，并不是所
有名人每天都在LA豪饮、跳钢管舞、夜夜笙歌。有一个网站
（www.celebrityrolemodel.com）目标在于挑选出明星做出的

良好行为。

　　女星凯特·温丝莱特就是口吐真言的少数好莱坞明星之一。她曾经在采访中这样说道：

　　"我不想让下一代——你的女儿和我的女儿——在成长过程中认为为了把某些衣服穿得好看，自己必须足够苗条。这想想就很可怕，完全失去控制。我们已经无法控制了……我有一种巨大的责任感来保持正常和真实的自己，不要对其他事物妥协。你懂吗？保持健康、正常，学会爱上吃蛋糕的感觉。"

　　也许真相能够把我们从虚构的完美女性的神话中解放出来。

　　我们都有资格吃蛋糕。

　　　　　　　　　请牢记

　　　　　　我不仅是我的身体；

　　　　　我是我的心灵、灵魂和思想。

　　　　我的身体强壮、独特和美丽。

第
三
章

从贝兹（Bratz）娃娃说起

如今，大多数小女孩的玩具都设计成少女（13~19岁）或者年轻女性的形象。美国美泰（Mattel）公司的My Scene，Growing Up Glam系列玩具则是一个例外，它是一个在8~12岁之间的塑料娃娃。她穿着花边袜子、短裙、镶着钻石的腰带以及露腰上衣。她的饰物是什么呢？是一只泰迪熊和学校课本。

旋动她背后的螺钮——哦！多么形象！——她的腹部伸长了。看起来有点儿恐怖。她看起来就好像被中世纪某种行刑装置给拉长了。摇身一变，她成了一个"曲线完美，又有点酷的小妞"。但是等等，你知道，真正发生变化的部分只有胃的部分，这个部分让她长高了。

这是多么生动啊。看来，在美泰的世界中，8岁与18岁女孩并没有什么区别。所以她们穿的衣服也不会有差别。她在我们眼前变成一个"曲线完美，又有点酷的小妞"时，唯一发生变化的是她的饰物。她把原来的泰迪熊和课本换成了满满当当的化妆箱，里面装满了假睫毛——"喔，她的妆容也变了！"——还有一些花花绿绿的时尚杂志。平底鞋也不见踪影，现在是细高跟鞋的天下。可爱的发夹也已过时，设计师款的墨镜才最时髦。

我该怎样解释自己为何认为这种类型的娃娃对我们的女儿是有害的？

"曲线美"并不是我们与小女孩沟通时应该使用的词汇，甚至与青少年沟通时也应避免使用。可是看看周围，我们现在生活在这样一种文化氛围中，社会不断告诉女孩们，热辣、苗条、性感和无所事事才算酷。

为了我们的青少年、年轻女性以及我们这个社会，现在是进行盘点的时候了。青春期女孩正在越来越多地被赋予性别化的特征，甚至她们的妹妹也被教唆要变得性感。我们对于这一切真的没有意见吗？

性感？还太早

许多人——包括教育界、健康界和心理学界的权威专家——
对于目前文化氛围带给女孩过大压力，导致她们过早开始追求
"性感"这一现状，给予了极大关注。我们并不是想在这里讨论
关于性别健康发展之类的话题。孩子们长大之后，开始探索性的
奥秘，是非常正常的现象；对儿童进行性教育，提供符合她们年
龄阶段的性知识也没什么问题。

问题在于，将与性有关的不合适的内容强加在孩子身上。用
专家的术语来说，这叫做"性化"（sexualisation）。当孩子显
示出成人化的性征，"通常这都是强加在她们身上的，而不是
她们自己的选择"，美国心理学会（APA）如是说。在APA对
"性化"的定义中，也包括人们仅凭性感外表来获得自身价值的
情况，她们关于性感的评判标准仅来自狭隘的肉体吸引程度；亦
或是，她们是性感的客体，也就是指，她们被简单地看成他人的
性工具。

在小女孩成长过程中，会受到这些因素不同程度的影响。大

批调查都显示出，儿童不断增加的焦虑感、抑郁、自尊心降低、身材问题、饮食失调和自残行为，都与她们经常接触性感图片有一定关系。美国心理学会为女孩的"性化"问题成立了研究小组。小组报告认为，"性化"对女孩的认知能力、身心健康、性别与信仰都有消极影响。澳大利亚心理委员会对这个问题十分关注，并专门针对这个问题为家长们写了一本指南。

在玩具店里

邪恶的"从儿童到青少女成长娃娃"在塑造性感的外表方面绝不是一个例外。甚至是历史悠久的芭比娃娃（曾经被塑造成老师、宇航员、美国总统候选人的形象）现在也浑身珠光宝气，穿着超级迷你短裙，戴着派对女孩的饰物。美泰的闪闪发亮的比基尼娃娃穿着比基尼、细高跟鞋，画着浓妆，做SPA[①]，她拿的饰品在我看来应该是一杯冰镇果汁鸡尾酒。

贝兹娃娃依然排在圣诞畅销排行榜的前十名。运动版贝兹娃娃的广告语是"运动方式并不重要，赢得性感才最重要"。即便是婴儿娃娃也被赋予了性感化的对待。贝兹婴儿玩具给处于刚学会走路的年龄的玩具娃娃穿上丁字裤、渔网袜、超级迷你皮鞭和锁链状的腰带。这些玩具娃娃都不再坐婴儿车了，她们的交通工具是哈雷风格的摩托车。

――――――――――――――

① SPA:早期仅是以具疗效的温泉和矿泉区为主，至今演变成一种人人都可享受，并且集休闲、美容、减压于一体的休闲健康新概念。

这些真的很重要吗？是的，很重要。童年和成人世界的渔网袜、豪饮、成人式的自信与态度形成一种危险的组合。

很容易产生这样的怀疑：它们仅仅是玩具娃娃而已，难道真的能危害我们的女儿吗？当我们给女儿买这种玩具的时候，我们同时也购买了偷走她们童真的风险。女孩从身体和精神上都比男孩早熟，更容易沉迷于流行文化之中。因此，她们的童年已经显得格外短暂。我们为什么还要让她们的小女孩时光更早结束呢？

如果给她们买一个只穿性感内衣、躺在disco灯光照耀的旋转床上的贝兹娃娃是正确的行为，那么我们的女儿的底线又在哪里？

在报刊亭

如今，似乎一切事物都百无禁忌。就算是那些宣扬要关心和帮助女孩们的媒体，也得依靠把女孩打扮得性感来获取销量。*Girlpower*是一本澳大利亚杂志，目标定位在7至12岁的女孩。当我浏览其中一本杂志的时候，发现了一些不可能对于提高女孩的能力有任何帮助的图片。杂志里有阿什莉·辛普森的海报，以供女孩用来贴在她们卧室的墙上。海报中，这位歌星穿着一件男士外套，里面什么也没穿，而她的手正在拉扯腰带，这样裤子能够向下展示出更多胯部，另外，即便她并没有露出乳头，但她左边的乳房已经几乎全部暴露出来了。阿什莉的真正力量来源——她的声音——被完全忽略了：她紧闭着嘴巴。她目光低垂，长长的金发遮住了大部分脸庞。这里展示的全部都是她的身体。

同样问题也包括"热辣程度大比拼"，它鼓动小女孩爱上尼克·拉奇——35岁，歌手，同时也是流行歌手杰西卡·辛普森的前夫，比这些小女孩的父亲的年纪还要大。同样单身的还有23岁的明星切斯·克劳福，他出演过热门美剧《绯闻女孩》。这是一个成人电视节目，因此小孩根本不被允许观看。当然，杰西卡的前夫和一个饰演过需要去戒毒所的瘾君子、坏男孩的演员都不是小女孩的理想男朋友。鼓动还在上小学的小女孩去爱上老男人的杂志对她们的思想是危险的。我们尽最大限度去保护孩子，可是，塑造成熟男人作为小女孩的浪漫偶像却与我们所做的努力背道而驰。

除非真的去购买那些针对小学女孩的杂志，否则家长不可能对杂志内容作出批评，因为杂志总是密封在塑料袋里，用来保护种种引诱读者购买杂志的赠品。具有讽刺性的是，男性杂志同样摆放在超市货架与孩子的视线平齐的高度，并且没有塑料包装，能够被孩子好奇的眼睛随意翻看。诸如*FMH*、*Ralph*、*Zoo*之类的杂志，每期封面都是清一色的比基尼女郎，在所有大超市都有售，你在买面包和牛奶的时候，就能顺手买一本。我不想在自己正从货架上挑选食品的时候，让孩子看到这些软色情读物。

男性软色情杂志世界里的元素与青春期少女世界接触的时候，正是高中女生开始买诸如*Girlfriend*和*Dolly*这些杂志的时候。这些杂志在年级更小的女孩中同样有市场，还会经常接到年龄为11岁、12岁或13岁的读者的来信。为什么家长不给她们好奇的小女儿购买这些出版物呢？*Girlfriend*宣扬自己是"女孩最好的朋友"，意在提高女孩的能力。可是在2007年它的一款赠品是花花公子T恤，并且这样告诉读者：

　　"花花公子为时尚聪明的女孩设计服装与泳装系列。可爱、无辜、酷、坚强，它全都能够同时涵盖。花花公子是你衣柜里应该拥有的一个品牌。"

　　花花公子一直是色情产业的领军品牌，可是最近它开始悄悄地向主流行业进军。一只受到色情的启发而设计出的文具盒？最近我在学校工作中遇到一些5年级的女孩，在10岁的年纪，她们中已经有1/4表示自己开始看*Girlfriend*了。一个女孩自豪地告诉我说，她也收集了一件花花公子的T恤，"它真的很可爱，"她说，"在衣服的左上角印着一只兔子。"（她的老师后来告诉我，比起这个小女孩的幼稚，另外一个女孩有过之而无不及。那个女孩在校园里穿着一件在胸前写有"用你的嘴唇围绕这里"的T恤。她是一个格外含蓄保守的孩子，只是不知道这件衣服是多么不合适，显然，她的父母也不知道。）

　　一本青少年杂志，宣称要提高女孩的能力，同时却又在杂志中宣传与色情产业有关的品牌，这本身就是虚伪的表现。更不用说Girlfriend杂志的出版商同样也出版*Explode*杂志——一本针对青春期男孩的杂志，吹嘘着"让你的眼睛吃点冰激凌"。一听到这标语就能让我想象到许多女孩的身体。

　　*Girlfriend*杂志现任主编同样也在政府的国际形象咨询委员会任职，最近的杂志刊登了一些有用的文章，可是依然有一部分广告在传递与杂志内容相矛盾的有害信息。

　　在*Girlfriend*和*Dolly*杂志的封底广告中，下载手机铃声和壁纸的广告占了多数。其中许多内容都是与性有关的，提供关于女孩的不健康的看法以及明显的性挑逗："拯救一个处女，和我做吧！""性——好的时候真是很好，不好的时候，依然还不错。"

我能理解杂志主编们无法一夜之间将杂志改版，我怀疑在目前的经济气候中，他们对于广告的选择余地可能不是很大，可是如果他们能够严肃对待自己对年轻女性担负的责任，就会对广告提高警惕。

杂志中也包含一部分充实、理性的关于性的信息，杂志能够在对女孩正在萌动的性意识教育中扮演重要角色。可是我担心在某些情况下，他们会冒险引领读者认为，如果她们现在不进行性行为，她们就跟不上潮流了。在*Dolly*进行的关于性的调查中，21%的读者在10~13岁之间失去童贞。对于1/5的Dolly读者都在10岁至13岁的年级失去童贞这一现象，我们能够接受吗？少女法律上达到可以自主的年龄是16岁。要么小女孩在身体和心灵都尚未足够成熟的时候就进行了性行为；要么是她们自己夸大其词，因为在她们的心目中，性感就是酷的同义词。以上这两种可能都令人担忧。调查中有超过一半的读者承认她们曾给男孩口交。对于青春期女孩而言，融入团体，被同龄人所接受是生命中最重要的事情。阅读这些杂志的女孩有一种风险，她们会认为，为了成为青春期女孩团体的一员，就必须有过性经历。没有人愿意有落伍的感觉。

在网络上

令人悲哀的现实是，对于许多孩子来说，她们第一次关于性的体验是来自色情文学，然而口交是色情文学里永恒的描写对象。色情片并不是什么新事物，但是今天它被公众的接受范围远远比以往更广泛，这一切都是拜网络和手机所赐。2009年英国电视节目《青春期性教育》（*The Sex Education Show*）采访的高中生里，有3/10表示他们主要通过在网络、手机或是杂志上看色情文学来了解关于性的内容。在第一期节目里，当向青少年（包括男孩和女孩）展示未经填充硅胶让其变得坚挺的真实胸部的图片时，他们都反应平平，却在面对令人震惊或是有些恶心的露出阴毛的女性照片时，都气息急促起来。主持人安娜·理查森推测道："据说他们在给自己和其他人施压，证据是，他们所看的性感图片中色情片影星的整形手术都很完美。"学校里的青春期少女告诉我，同学们期待她们从外表和行为上都表现得像在成千上万个色情网站上看到的图片那样。这有助于解释大批青春期少女购买私处脱毛蜡纸的现象。她们看到色情网站上的女性都这么做，认为像她们那样暴露出生殖器能够让她们显得更加热辣性感。

网站girl.com.au宣称要帮助全世界的女孩增强自身魅力——但是，在2008年，我在这个网站上看到了另一个关于我们这个社会是如何滥用"增强魅力"这个词汇的例证。它的主页上有游戏学校、费雪公司、芭比和贝兹，所以由此推测，他们的目标用户自然也包括年龄很小的女孩们。可是通过点击girl.com.au上的链接，读者会进入一个关于私处脱毛蜡纸的页面。它给希望通过登录网站来"增强魅力"的小女孩们的建议是：

"私处蜜蜡脱毛过程包括：将热蜡涂抹在臀部和阴部；在蜡

上覆盖一层布，然后将布拉扯揭起。如果帮你上蜡的人让你将大腿抬到肩膀上，或是让你露出屁股，不用紧张，这是正常的要求，这样才能保证没有未除干净的毛发残余。一把镊子会被用来处理更加敏感的区域。为什么这很吸引人？没人会喜欢自己的私处长有毛发，而现在，那里具有孩童般的吸引力。男人喜欢这样，并永远对它充满好奇。"

在我把这一段无比危险的建议在我的博客上曝光后——打从什么时候开始，私处应该"具有孩童般的吸引力"了？——这个公司去掉了关于"孩童的生殖器很有吸引力"的内容。可是，私处脱毛的页面，以及一些诸如"怎样做一个'卧室里的魔女'"的话题依然还留在网站上。

当女孩们逐渐对色情图片习以为常，难怪私处脱毛开始在她们中间变成一种标准。老师们告诉我，女孩们对于男孩用手机彩信发给她们的诸如"你应该让你的阴部看起来像这样"的色情图片和信息已经非常麻木了，她们只是简单地付之一笑，然后把图片转发给其他女孩。事实上，色情短信——将一张自己生殖器的照片发送给朋友——在校园里已经变得普遍起来，十分令人担忧。青少年说这样做让他们感到"解脱"。

　　这非常有趣。在我的手机里有我大多数朋友的裸照。这就像一个俱乐部，我觉得。如果你信任别人，你就会发给她们一张这样的照片。

艾诺，14岁

　　责怪这些受害者是很容易的事情。你已经听过多少评论批评现在的女孩穿得太成熟、行为太放荡？事实是，抗拒来自潮流的压力十分困难，特别是对于青春期少女来说。因为在她们的世界里，归属感意味着一切。我敢打赌，当她们接收到不合适的信息时，女孩们会通过大笑来掩饰自己的尴尬。青春期女孩必须应付她们的学业、复杂的友谊、男孩子和她们对美丽和苗条的永恒追求——所有维系着内心里的帕丽斯·希尔顿的一切——如同世俗规定的一般。难怪有那么多女孩反映她们感到压力、抑郁和焦虑。

　　我想清楚地表达我的观点：我并不提倡把女孩们关进象牙塔。所有孩子都需要了解关于性的知识，这很重要。在成年人之间，性行为是很自然的，而且可以很有乐趣。

　　但是对我来说，刚开始发展自己对性的看法的女孩受到与色情有关事物的影响是非常有害的。我关注这些，不仅因为现在有过多色情讯息轰炸着女孩们，更因为她们的女性性感偶像标准太过狭隘。就好比过去我们被告知，只有一个长腿、穿8号衣服的模特才真正漂亮；现在，我们得到的标准则是，丰满、湿身、狂野的金发女郎是美丽的，充斥着巨大的（人造）胸部、撅着嘴唇、跳钢管舞和男性幻想出的种种软色情。

　　女人的（以及男人的）性感观，在现实中，实在是多种多样，无比复杂。

　　另外，还有一种危险情况是，女孩们可能会认定，她们看到的色情片里的女人确实在享受这些，而且通过进入色情产业得到了自我提升。事实上，调查显示，许多人投入色情产业是因为她们别无选择：她们可能面临经济窘迫的困境，或者因为吸毒，又甚至是被人强迫所致。

通常，我们的年轻人接触到的色情文化类型不是软色情，也不是简单的成年人之间的普通性行为。网络喜欢满足各类性需求，许多网站展示透视照片。这不是一种所谓解脱。这不是关于女孩们感觉良好，并且探索自己的身体，以及探索她们所选择的伴侣的身体。这是一种非常狭隘的性观念。女孩们从网上接触到的性感女性照片都是没有联系也没有意义的。

但是，告诉女孩们性等于钢管舞和剔除阴毛这一信息的，并不仅仅来自她们从网上看到的图像和她们所阅读的杂志……

在MV中

歌词总是充满性暗示，直逼社会底线，但现在主流音乐中出现了一个新的值得注意的厌恶女性的现象。一个极端的例子是一项名为《矛盾的大男子主义和"厌恶女性"说唱音乐：听痞子阿姆的音乐能助长大男子主义吗？》的研究所使用的说唱歌词，这篇文章刊登在《应用社会心理学》（*Journal of Applied Social Psychology*）杂志上。研究者渴望发现某种特定的说唱音乐是否会增加年轻人的性别歧视态度，他们让实验组听痞子阿姆的歌曲《杀死你》："啊！荡妇，你认为直到她喉咙里的声带不再工作，我才不会让婊子窒息？"令人惊讶地，这项研究几乎没有发现证据能够证明这种语言——这种对女性使用贬义的词（例如"荡妇"和"婊子"）来将她们定义为仅仅是一种男性性满足的工具——能凭空创造出任何以前不存在的信仰。

就算性别歧视态度不会通过听含有歧视女性观点的歌曲而增加，但这种描述尝试去杀死一个女人的歌词——让她永远保持沉默——美化了对女性使用暴力，让暴力正常化。研究承认，"在最坏的情况下，我们能得出结论，说唱音乐可能会加剧这种潜在趋势。"他们依然认为没有理由让这些歌曲接受审查。我们为什么不想去控制这种试图伤害女性或者用损害人格的语言描述女性的潜在趋势呢？

同样重要的是，被性别歧视的歌曲包围，对女孩和女性的自我意识有什么影响？听这种歌曲会让女孩和女性对自己和自己的身体作何感想？

美国儿科学会声明，接触这些把对女性的强奸和暴力描绘为一种正常事件的歌曲，会从多方面对年轻人造成影响，有可能让她们难以分辨在人际关系中到底什么才是正常的。

还有一个事实是，似乎唱片业有一种使命，就是把女性作为性感的化身。社会对于目前"歌手必须是性感的"这种观念的执着在苏珊大妈出名这件事情上表现得非常明显。苏格兰人苏珊·波义尔在《英国达人秀》节目上的表演让她一夜成名。在她开口演唱之前，评委和观众似乎都在嘲笑她，为她乡土气的外表感到尴尬。她怎么敢说自己是个歌手！还把自己当成一个值得关注的人！当她开始演唱，全世界都深深震惊了。我们由此才开始相信魅力等于智慧。

很明显，如果女明星身上除了内衣和腰带之外还穿着别的衣服，那么她们就不会唱歌了。男明星似乎不能表演，除非他们身处高耸的胸部以及屁股的漩涡之中。拍摄MV的镜头角度同样令人气愤。通常，镜头会从女性表演者的胯下从下向上拍摄，我在工作中遇到一个来自新西兰某所学校的女孩，她将这种技术命名为"胯下镜头"。

　　一项英国研究发现，观看那些拍摄极瘦、半裸女性的视频——也可以说，基本上全部音乐视频都属于此类——十分钟就足以降低青春期女孩对自己体型10%的满意度。看看周围：感谢位于购物中心、保龄球馆以及任何你能想到的地方的等离子显示屏，这类图像铺天盖地，无法回避。这就是我们给予孩子的伴随她们童年的音乐。"儿童音乐，音量3"频道播放Hi-5，the cast of Greasa，Guy Sebastian和"性感小野猫"（the Pussycat Dolls，一支由五个出身于成人舞娘俱乐部的女人组成的组合）的音乐。她们旋转、趾高气扬地走路、撅起她们的嘴唇，伴随着显然十分性感的歌曲，歌词里面唱到："难道你不希望你的女友像我一样新鲜吗？难道你不希望你的女友像我一样有趣吗？"这些旋律颂扬了一种格外下流的思想，将女性的竞争力完全建立在身材是否性感的基础上。

　　澳大利亚流行组合"双面维若妮卡"（The Veronicas）由一对双胞胎姐妹杰斯·奥利格艾索和丽萨·奥利格艾索组成，同样将市场重心放在青少年身上。她们在7~16岁女孩中有相当成功的服饰潮流影响力，在Target商店里有售她们的专辑，她们还是少女杂志封面的常客。在采访中，这对双胞胎承认，去她们演唱会的甚至有年仅4岁的小粉丝。家长拥抱着她们最初的女孩权利精神，旋律正在赞扬独立这种美德：她们第一张专辑中有一首《我是一场革命》，颂扬了她们的自信。

可是，她们又用2008年的单曲《把我放在地板上》为她们的青少年粉丝贡献了些什么呢？音乐视频是软色情的——拍摄出几乎是强制般的女孩间的亲吻，以及很多旋转和抚摸大腿的特写镜头。旋律中有大量粗重的喘息声，以及喃喃细语："我想要亲吻一个女孩，我想要亲吻一个女孩，我想要亲吻一个男孩，我想要……"同时，舞者不可控制地扭动着身躯，仿佛她们在地板上"得到了彼此"。（这些都在星期六早上的电视中播放，那个时间我还没来得及吃吐司上的咸味酱呢！）

我十岁的女儿拥有一件双面维若妮卡的T恤衫。

在听过她们的第二张专辑之后，我把它扔进了垃圾桶。

不要误解我的意思，有许多很棒的女性歌手和少女组合，她们歌唱着信心和勇气——可是今天，流行组合们最常说的代表女孩权利的话语都是关于去掉个人风格和如何撅嘴的。性感小野猫，难道能对女孩有所裨益？双面维若妮卡，一场革命？我并不这样认为。我看到的是，粗俗文化得到授权，得以当街兜售。

在工作中遇到的一个女孩萝斯告诉我："13岁真是糟透了，我根本一点儿也不喜欢13岁。你能做的事情很少，我觉得自己已经老了，与13岁不一样，可能更像我已经15岁了……受到男孩的注意，对我来说非常重要……当有男孩在看我的时候，我觉得自己很特别。"有一天，当她已经习惯了她不断发展的性别化趋势，而且比她真实年龄感到更加成熟的时候，就很容易看出像性感小野猫这类组合带给她的潜在影响了。萝斯接着说道，"我跳舞，跳的是hip hop。我们在年底有一场音乐会，我喜欢一套表演服，那是一件紧身胸衣，我穿起来很性感。我们伴着性感小野猫的音乐起舞。"

　　难道你不希望有人能出来制止这个偷走童年的阴谋吗？难道你不希望有人来普及一些常识吗？

大辩论

关于我们的孩子过早"性化"的担忧如此深刻，以至于澳大利亚参议院在2008年启动了一项调查，来特别关注这个问题。不断增长的社会关注推进了这项调查。一份澳大利亚研究院的报告使用了一个名词"恋童癖"，来描述那些"性化"儿童的广告商和市场人员。该调查委员会证实，孩子们的确被"性化"了——通过她们所观看的媒体，通过不断增加的以儿童为目标的各类产品，通过她们接触的大量信息，特别是通过网络。可是，他们同时提到，"如果将这些影响与真实造成的危害画上等号，也是错误的。"

为什么将这些影响与真实的危害画上等号是错误的呢？或许委员会得出这个结论是因为他们并没有做一个长期调查，研究"性化"对孩子身体和心灵造成的影响。但是，有没有人会停下来思考一下，是否有任何这类研究会反馈出这样的结果：偷走孩子的童年是有益的？我们不能再等待更多的数据以支持我们的行动了。调查的很大部分已经引起我们对大量潜在危险的警惕，包括不断增长的饮食失调症、自残和危险的性行为。在应该保护孩子的时候，我们为什么不能提高警惕呢？

参议院委员会列出了一大堆建议，告诉广告商和媒体来重视儿童"性化"问题，但是那些建议在我看来并不足够。克莱夫·汉密尔顿是澳大利亚研究院前主管，负责监督关于"恋童癖"报告的形成过程，他这样总结报告中给出的调查建议："（它们）只不过是一个礼貌的请求，广告商和广播电台或许——如果这不会惹上麻烦的话——会稍微多考虑一些社会影响，除此之外，它们什么都不是。"

当《60分钟》（*60 Minutes*）节目广播了这场辩论之后，辩论变得更加激烈。我和其他一些同样认为该调查做得不够好的人一起接受了采访；同时一些声音代表着反方观点，包括来自新南威尔士大学的媒体专家凯瑟琳·隆比教授。她说，一些批评观点把孩子当成了"诱人的裸露的肉"。她的关注点在于，孩子们对自己的身体感到羞愧。她提到，甚至连尿布广告都被一小部分道德家认定是不适宜的，这是很荒谬的。

我同意凯瑟琳，任何鼓吹孩子的身体是具有挑逗性的观点都十分荒谬。禁止尿布广告是一个愚蠢的、没有必要的反应。但是，我相信家长们对于过度性感化的媒体和市场都有着真实合理的忧虑。我觉得，我们中的大多数都有公平合理的期待。举例来说，我对小女孩穿T恤没有意见，可是如果她们穿着写有诸如"色情明星"或者"嘲笑"字样的衣服，我就很有意见了。别弄错，这些都是女孩服装的真实例子。的确是这样，这些都是我们正在给青少年贴上的标签。理查德·埃克斯利在他的《好和更好——道德、意义和幸福》（*Well and Good——Morality, Meaning and Happiness*）一书中道出了许多人的心声：

"每个有理智的人都不会怀疑，媒体内容与人们的行为之间有一种简单、直接的关系。但是任何有理智的人都不会接受某些文化评论家所暗示的观点：我们在媒体中看到、听到和读到的内容对我们是没有影响的。可能今天的儿童都是老练、机智的媒体消费者——就像我们经常听到的那样——但是这并不意味着我们对于媒体的影响是满意的。"

做出决定

　　我相信，我们需要政府出台条例来强制广告商和媒体担负起责任；依靠行业自律明显没有什么作用。但是，我们不能免除自身的责任，不能在那些试图让我们的女儿在从玩橡皮泥直接跨越到跳钢管舞阶段的卑劣的市场人员和产品开发者面前扮演受害者的角色。毕竟，我们才是买这些东西送给孩子的人。

　　有一些家长，把即将步入青春期的女儿打扮成生活中的贝兹娃娃。一些小女孩在还不需要穿胸罩的时候，就已经开始穿带有蕾丝和胸垫的胸罩了，又或者穿着写有"调情"之类标语的T恤。孩子们都在穿着贝兹娃娃穿的那些衣服，仿佛是直接从贝兹娃娃的衣柜中拿来的一样。这种强大的市场主宰力已经渗透进生活的方方面面，从现实生活中的潜在性感化的服饰，到文具和化妆品。后者包括为5岁以上女孩准备的俗艳的眼影、人工的豹纹美甲，市场上称之为"每日魅力"。

　　在13岁的女儿要求穿上与多年来我们给她买的那些娃娃相同的衣服时，我们作为家长，凭什么感到惊讶呢？如果我们消极地买进让儿童"性化"的东西——更不用提我们积极地通过给孩子购买衣物和玩具来促进这一现象了——我们又怎能责怪女孩们变得"狂野",在她们的个人空间里放上仅穿内衣摆出性感姿势的照片呢?

跟许多小女孩一样,我的女儿曾经学过舞蹈——直到有一年,在一年一度的圣诞音乐会上,我看到所有瘦小身材的舞者的穿着和妆容都像是JonBenét Ramsey①风格的迷你选美皇后,开始感到很不舒服。我选择了泰雅的舞蹈学校,因为这里的老师不会强迫女孩子们变成瘦骨仙。但是仍然有规定的臀部扭动的动作和勾引性的舞蹈动作。"她们看上去难道不可爱吗?"许多家长惊讶地说道。我们难道都疯了吗?我这样想着。

在我看过一部叫做《王牌大贱谍》(Austion Powers)的电影之后,我寻找到了最终结论。一个青春期少女,戴着一顶长长的金色假发,穿着超短裤和露腰上衣,进行了一段超级性感的表演,同时一个小学生年纪的迷你"王牌大间谍"舞者小男孩流出了口水。事实上,我周围所有的父亲都对此深感尴尬:要看哪里?说些什么?我想知道其他女孩,比如我当时只有7岁的女儿,坐在电视前耐心地观看着影片,在观看过程中不断羡慕着比她大的女孩,她们从中得到了哪些关于如何赢得他人注意的信息?

不管广泛蔓延的社会暴行,我真的看不到广告商和广播台放过我们的孩子,停止"性化"她们。带有性暗示的暧昧广告——

① JonBenét Ramsey (1990.8.6~1996.12.25) 美国儿童选美皇后, 6岁时遭人谋杀。

是的，甚至针对青少年也是如此。所以我们必须更加警惕。澳大利亚心理学会会长阿曼达·戈登对此给出了明智的建议："我告诉家长们，'不要给你的孩子买性感的衣服。'让一个4岁的小女孩穿胸罩并不是明智之举。是成年人和家长们该做出决定的时候了，你们应该说'这是我们想要孩子拥有的'，而不是孩子自己说'这是我自己想要的……'如果传递出的信息是你应该性感和成熟，而不是当一个孩子，那么孩子们并没有在学习和实践怎样成为一个完整的人……她们只会不加思考地模仿成年人的行为，却不懂行为本身所代表的意义，这对她们的发展是很危险的。"

好消息是，作为家长，我们能在女儿发展性意识的过程中施加积极的影响。最近的英国研究显示，家长能够给与性有关的材料一个特别的反应，让孩子拥有自己独特的性意识。我能够，而且必须与女儿进行不断发展的对话，内容是有关性的信息，以及她们接触到媒体中所标榜的价值，不管是在学校还是在家，这种对话都有必要。我们能够，而且必须发出强有力的不同声音。我们必须划定界限。

我认为，在我们做这些之前，需要对女儿正在形成的性意识建立一个积极、没有偏见的态度，因为在我的经验中，消极态度或是给她们贴标签的做法会危害女孩性意识的发展，特别是当家长、老师和其他她们所信任的人这样做的时候。

我们恐怕很难接受自己的孩子会长大成人，并且变成一个性感尤物。通常，我们女儿的身体比思想发育得更快。在西方，青春发育期的年龄一直在降低，从伊丽莎白时期的17或18

岁一直降低到今天的12.8岁。关于性征的合适年龄，对于我们的女儿成长成为一个健康、完整的女人十分重要。对于许多女孩来说，青春发育期会在青春期的初期开始，我们应该趁着她们年纪还小，开始与她们进行关于性和性征的对话。我们需要给她们一些其他观点，树立性方面的榜样，来替代她们在媒体和色情书画里看到的那些内容。尤为重要的是，广告商和广播电台会以她们为目标，在她们很小的时候，就开始用包含性的信息轰炸她们。

请不要觉得无助或者绝望。教育是很有帮助的。我们能帮助我们的女儿梳理清楚她们所面对的各式混杂信息。

在工作中，我遇到了给我很多希望的母女。我知道自己学校里的一个很棒的11岁女孩，她的母亲完成了启迪教育中一项针对成人的课程。这个小女孩被舞蹈老师告知，在表演的时候她需要化上浓妆，戴上假睫毛。她的妈妈开始质疑，为什么舞蹈老师会告诉小女孩假睫毛能够增加女儿的自信？母亲们和启迪教育中的青春期少女都对这种行为（化上浓妆，戴上假睫毛）说不。因为这种例子时常发生，舞蹈老师试图让母亲觉得自己的想法很愚蠢："可是所有其他家长都觉得这没问题。"当母亲对这项要求做调查时，她发现，十分之四的家长都对佩戴假睫毛的合理性有所担忧，可是却又害怕说出自己的想法。

不管你认为假睫毛是有害的还是无害的，最后这都是无形的想法。我所欣赏的是，这个小女孩不会让自己顺服，被拖进"成为有曲线、性感、酷的青少年"的深渊。她会成长为一个会划定界限、对所有混杂讯息进行理性分析、做出让自己真正舒服的选择的人。她不会允许自己的性观念被那些歧视女性的音乐、塑料娃娃、塑料成年女性、试图让她相信必须化更多妆、穿更少衣服才是性感的媒体环境所左右。

她会以自己的风格成长。

以上是我对她的期望，也是我对自己女儿的期望。

这是我们都需要努力的目标。

行动计划

与女儿对话

开诚布公地、没有偏见地进行关于性以及她的性观念的对话。她的学校会提供有关个人发展和性意识方面的信息，但是她依然需要你参与其中。这是你在养育女儿过程中的一个核心事务，让女儿成长为一个快乐、健康的女性。从什么时候开始合适呢？我有一个充满智慧的祖母，她曾说："如果一个孩子成长到足以思考一个理性问题的年纪，那么他们也足以接受一个理性的答案。"谨记这句话，青春期的叛逆是一个发展阶段，会在许多年里逐渐发展。不需要一次性的讨论完所有事情。要以她身体和心灵的成熟度以及她的兴趣作为依据。

做好准备，去接受一些尴尬的时刻；我发现，年龄稍大些的青春期少女会用她们自以为大人回答不上来的问题来让大人震惊。（比如，"什么是'69式'？"）如果你用实事求是的态度冷静地回应，她们就会对你遇事不慌的能力印象深刻，从而开始问你一些对她们而言很重要的深刻问题。如果你没有答案，请诚实回答，承认你不知道。这会成为一次你们一同寻找答案的有力尝试。

愿意试着去解决意见分歧，至少做好聆听你的女儿的准备，这会是她清晰地表达自我价值的一次实践。鼓励讨论开放性问题，积极地聆听她。

讨论性中的感情元素是很重要的，但是在做出诸如"性只能在相爱的人之间才能发生"这种黑白分明的结论之前，请三思。理想的情况下，上面这句话可能是对的，但是现实却并不全部如此。性也许是一种爱的表达方式，但它也可能是无聊时、好奇时、有欲望时甚至是有生气或是憎恨等负面情绪时的发泄方式，对于男孩和女孩都是如此。我见过一些女孩，她们进行性行为，仅仅是为了事后让对方难堪。帮助你的女儿丰富她的情感词汇，有助她了解性不仅仅会有生理上的后果——怀孕、性病——同时也会在感情上造成影响。闪闪发光的广告和引人注意的歌曲极少讨论复杂的人类情感，但你却应该这么做。

寻找一个有效的网络过滤器

市场上没有一个过滤器能够完全防止事故发生，但它们确实能够提供一些保护，帮你的家庭电脑远离黄色网站。尽管，限制和禁止登录一些网站是惟一的策略。从长远来看，讨论为什么这些网站是不适宜的？如果你的女儿不慎登入了黄色网站，她应该怎么做等等问题是更加有效的方式。

指导女儿进行媒体选择

进入她的世界，与她一起做这件事。她感兴趣的事情正是帮助你们俩探索性观念的工具。歌曲、电影、电视节目和青少年杂志都是极佳的话题开端。"我发现，当我在阅读青少年杂志的时候会有一点困惑，因为里面给出的建议经常是自相矛盾的，"14岁的露西说道，"就好像他们可能会在一篇文章里说不用急着担心男孩子的问题，可是在另一篇文章里，又开始教你分辨男孩是否喜欢你，或是展示性感的女孩与男友的合影。我喜欢咨询妈妈对此的看法……如果我能先给她一篇文章，然后再开始讨论这个话题，就不会觉得难为情了，就仿佛我开始独立尝试寻找一种开启对话的方式。"

成为一个积极的榜样

你曾经购买过粗俗文化产品吗？你是否认为：女性在她拥有色情明星般的人造胸部、随时转换心中的脱衣舞女形象的时候是最性感的？那种关于"狂野女孩"的女性观并不总意味着有利或是解脱。你曾经注意过脱衣舞女在表演的时候有多么空虚和无聊吗？她们并没有激情。她们通常用的不是真名。她们不是完整的人——仅仅是一具具肉体。她们的存在仅是为了娱乐他人。为什么女性会效仿这些呢？如果你明确建立一个健康的、自我尊重的性观念，你也会为女儿树立一个好榜样。

让女儿安心

让她知道，你觉得媒体正在试图让女孩过于迅速地成长，这对你来说是难以接受的，会想办法制止对她的这种不良影响。我在工作中告诉女孩们，我对此怒火中烧，再也无法忍受了，女孩们都乐意接受我的观点。她们喜欢被保护的感觉，告诉我，她们得知有女性正在热切关注她们的福利时，感到由衷的舒心。

鼓励你的女儿来关注这个问题

当我向高中女生展示不合理的儿童玩具、性感图片和青少年杂志里的故事时，她们通常会生气。事实上，在一所我曾工作过的位于堪培拉的学校里，当我向14岁的女孩们展示一张贝兹娃娃的照片时，她们自发地开始发出嘘声。我喜欢她们的愤怒，这告诉我，虽然青春期少女可能过于直接地接触到了"性化"的影响，她们能够清楚地知道，对于她们的妹妹（不管是字面意义上的还是比喻义的）来说什么是不合适的。利用这种暴行会让她们开始更多地注意到成人对她们施加的"性化"影响的例子。

与其他有相似想法的家长联系

你可能会对有如此多的家长同样关注儿童"性化"问题而感到惊讶，讲道德的人并不是少数！不良影响已经广泛扩散，成为主流。在网上或者在现实中加入一些团体。我的博客（www.enlighteneducation.edublogs.org）可以作为一个起始地，它为许多为这个问题而担心的家长们发出呐喊。澳大利亚组织Kids Free 2B Kids致力于防止儿童被黄色图像侵害，不论这些有害图像是来自媒体、广告还是玩具商店。在他们的网站（www.kf2bk.com）上，你能与其他人取得联系，找到你所能找到的有所帮助的信息。

大声说出来

写信给那些试图"性化"儿童的公司，告诉他们停止这样做。发誓不再购买他们的商品和服务，除非他们改变市场策略或者将不合适的商品下架。相反，写电子邮件或是信件去支持那些对儿童持友好态度的公司。

不要购买具有潜在性化倾向的玩具、衣服和其他商品来送给女儿，也不要买这些东西送给别人的孩子。

不要这么做，好吗？这样做没有好处。

请牢记

我是自己性意识的主宰。

我划定自己的界限，决定自己的风格。

第四章

女友行星：

最高的高峰，最低的低谷

在我长大的过程中，我是多么喜欢我的女性朋友啊！我现在依然爱着她们，但是，在过去，对于她们的陪伴以及接纳自己的需求曾经那样迫切。

我童年最好的朋友珍妮尔，在小学的最后几年一直和我同班，整个高中也是这样。值得注意的是，她一直保持着我最好朋友的地位（除了她成为公众敌人的一小段时光）。我们在十岁时遇见彼此，当时我刚搬进她家邻街的一所房子。我进入新学校的第一天，她走近我说，既然我搬进了她最好的朋友曾经住过的房子，与她成为邻居，那么现在我也要变成她新的最好的朋友。她告诉我她会在3点半过来玩。

就这样，我们一直在一起玩了十年。

我们的友谊一开始非常简单。我们分享彼此对于收集有趣橡皮的共同爱好，建立了秘密俱乐部（我总是要求自己当首领），一起骑自行车。我们也分享我的妹妹仙黛尔，她也参与了我们的所有冒险。当然也会有竞争——比较谁拥有最多橡皮，或是谁花费更多时间与仙黛尔交谈——但是这一切都很单纯，一点也不复杂。

我们上高中以后，不再是单纯的小女孩了。我们的兴趣从外国文具转移到了一个奇迹般的乐队"电动熊猫"（The Electric Pandas）上，这是一个澳大利亚摇滚组合，成名曲是《大女孩》（*Big Girls*）。歌词中（我十分肯定地记得）包括"现在我们是大女孩了……我还记得那些时光，那时我们以为我们的爱永远不会改变"。于我而言，这听起来就像是一首姐妹情谊的赞美诗。我从来都记不起其他歌词是什么，可能是"我们的脸支离破碎"，又或者会不会是"我们将会面临这一切的结束"？当我开始长青春痘的时候，我唱着之前的歌曲——并且热爱主唱琳达·巴克菲尔德与我产生的共鸣，她不仅表达了我对朋友的爱，也消除了我正在形成的缺点。

最高的高峰

少女之间的友谊美好和真挚得不可思议。许多女孩深爱着她的朋友，友谊带给她们归属感和包容感，这些感觉有时是无法在家里得到的，家里看起来永远都在赶时间，事情永远都安排得过量。我喜欢女孩们在一起咯咯地笑，玩着彼此的头发，亲热地拥抱在一起，她们对彼此无比忠诚，互相保护对方。当我问女孩们，谁是真正懂得她们、理解她们、爱她们的人，绝大多数人会告诉我，是她的朋友让她感受到这些关于爱和心灵相通的重要情感。

一段强有力的友谊能让你感觉自己似乎在漂浮着，甚至是在你最黑暗的时光里。

劳拉，14岁

我太爱我的朋友了。她们真的把我吸引住了。她们理解我，接受我，懂得我。和她们在一起，我能做回真正的自己，这种感觉很解脱，因为在其他人面前，我并不总能展现真我。

梅根，14岁

我的朋友就是我的安全感。她们是我的后盾。她们不会让任何人不尊重我或是伤害我，如果我需要任何东西——在任何时候——我只需打个电话，她们就会为我做到。我能在半夜、在凌晨3点给她们打电话，任何时间都没有关系。我们就是这么亲密。她们是我的姐妹。

瑞奇，16岁

我爱我的女性朋友们，因为我能与她们谈论任何事情。我们能说那些我从不和妈妈说的话。

艾米，15岁

我喜欢我的女性朋友的方面是，不管怎样，你都总是能与她们交流，即使你在微笑，她们也能看出有些事情不对头。基本上，离开她们我简直就活不下去。

卡莉，16岁

已知的真相是，女孩对她们最好的朋友的热爱程度已经让一些母亲感到威胁。突然，你不再被女儿那样的需要了，变成了一个多余的人，这让人难以接受。她为什么不再愿意和我一起出门了呢？我们都很想知道答案。我们曾经是那样亲密，现在她却只信赖她的朋友了。

这一切都会过去。就像你女儿童年时候的一些东西会得到感情上的回报——比如无条件的爱和被需要的感觉——是有一些挑战性的。这种情况同样也会在她的青春期发生。她与同龄人的关系现在不可避免地变得更加重要。青春期是变得独立自主的时期，其形式是离开，回归，离开，回归……女孩们需要回归到一个安全的地方，并且确定有人一直在背后支持着她们的探索。

最低的低谷

曾经，珍妮尔和我都超级热爱"电动熊猫"（The Electric Pandas）乐队，我们甚至在宽松的家居服上绣上他们的名字，穿着到处走。另外一方面，我们称自己是"大女孩"。现在我们共同的渴望就是长大，变得受欢迎。拥有大批朋友是证明我们价值的明显标志。只有一个亲密朋友似乎不再足够了。我们想要每个人都爱自己。

怎样获得新的亲密友谊呢？我们很快发展出另外一个爱好：收集其他女孩的秘密。在高中，所有女孩都知道，知识就是力量。我们加入了一个更广的女孩圈子，圈中女孩都比我们酷得多。这些女孩在学校属于"A"团体：她们都很受隔壁学校男生的欢迎，对于我们其他人来说有点威胁性，因为圈子的领导十分"俏皮"。珍妮尔和我本能地感觉到，为了保持我们在圈中的地位，我们必须收集和散布女孩们的各种想法。

一次，珍妮尔和这个圈子里的其他女孩，形成了一个"我们恨丹尼尔"俱乐部。我不知道为什么那个特别的日子我却被排除在外（可能我当时太霸道了；我承认自己年轻时经常做一些很蛮横的事情），但是我的确深深地感到了背叛、悲伤和孤独。因为我们知道彼此的秘密，我黑暗的恐惧在我身上发生了作用："你是一个肥胖的流氓、荡妇、废柴。"没有什么比被人称作胖子或者随便的人更让青春期女孩忧心的了。如果那些侮辱没有根据，那也没什么关系。我是一个瘦长的生物，即使我渴望有一个合适的男友，我也害怕发生实质性的接触。

　　我确定，在其他时候，我也会乐于背叛珍妮尔，愉快地攻击她那些只有我知道的缺点。如果需要的话，我们都准备好背叛彼此，来获得他人更广泛的认同。当攻击发生时，没有什么是不能说不能做的。我们可以，而且会邪恶地发动彼此。"少女的嘲笑比地狱里的怒火还要可怕……"另外一个少女说道。

　　接着，到了下一个星期，我们又都是朋友了。友谊反而被之前的闹剧升华了。就像情人吵架之后又再次和好，我们沉浸在彼此恢复如初的温暖感情之中。

女友行星的规则

这些开始—重复—结束—重复，快乐—悲伤，爱她—恨她的反复时光对于青春期女孩是有规则和密码的，如果你是一个局外人，简直无法跟上她们的脚步。在女孩世界里，规则被深刻理解，熟记于心。即使当我的朋友集体招惹我，我也会认为，这只是事情运行的方式，只不过这次轮到我成为排斥对象而已。然后我转向我的"B"朋友圈，她们是一些不那么酷，但是非常聪明有趣的女孩子们。后来回想起来，她们与我有许多共同点，更好的是，她们似乎能够接受我在她们的圈子里进进出出。这种外部的朋友圈有其自己的规则，当我进入圈子时，总是得花一些时间调整自己来适应新环境。我需要学习她们的习惯，让自己重新熟悉另一种语言方式。

虽然每个女孩圈子在很多方面都自成一体，总是有些严格的规定：穿衣风格，关于什么样的行为是能够被接受的规则，关于成员能与谁交谈的规则，在学校操场上她们能够坐在什么位置的规则。还有更多根据圈子情况随时更改的灵活规则：比方说吃什么、看什么、听什么等等。如果有女孩不遵守这些规则，她们会发现自己被其他人排斥在外，变成过时的人。由于女孩渴望与别人联系，寻求归属感，所以遵守规则是无比重要却又让人疲惫的事情。在我的"A"圈子，不去参加通宵排队简直就是社交上的自杀行为，因为等你周一来到学校，你会独自陷入挣扎，无法分享圈子里流传的最新笑话，也不能理解成员之间最新形成的亲密关系。

叛逆芭比和网络欺凌

　　由帮派、秘密、互相之间的被动性进攻以及眼泪构成，青春期少女的世界是一个有政治阶层的敏感地域。不像男孩子，他们经常打一架，然后就忘记和原谅了彼此的分歧，女孩们更倾向于排斥敌人，用语言作为武器。从长远来看，后者更加伤人，更具杀伤力。我交流过的很多女性至今依然栩栩如生地记得被其他女孩嘲笑带来的痛苦，并且长期以来一直为自己也嘲笑过其他女孩儿感到愧疚。通常，女孩这一秒被别人欺负，下一秒就开始欺负别人，因为她们就是通过互相排挤来争取她们世界里的阶级地位的。

　　与如今某些女孩每天都会受到的攻击相比，我忍受过那些偶然的争吵简直不值一提。作为一名老师，我见过一些女孩之间互相欺凌的很具杀伤力的真实桥段。我见过一些女孩的生活被同龄人搞得一团糟。通常这种牺牲背后的原因都令人迷惑。我在启迪教育工作时遇到一个女孩，在课程结束的反馈表上愤怒地涂写着，在离开教室之前，她紧紧地拥抱了我很长时间。随后，我看了她的评价，包括以下她关于"女友行星"所持的尖锐观点：

"我今天知道了，我很美丽，并不会因为她们（学校的其他女孩）说我丑就真的变丑。并不是人们说我什么，我就会变成什么。我能想象，我能爱，我是美丽的，我同样有自己的目标……"

当我询问老师关于这个女孩在学校的经历时，她们告诉我，她从进入高中开始，就一直被痛苦缠绕：被别人推下楼，被人吐口水，被无视。这是为什么？其他女孩都觉得她长了一对招风耳。对于这个女孩而言，没有好朋友能够让她求助。对她来说，没有什么"A"圈子"B"圈子。没有与别人建立联系的机会。

女孩的敌意能升级成为一系列言语上和身体上的暴力。专家指出学校女孩中存在一种新的流氓心理：为了巩固权力地位，一名受欢迎的"女王蜂"指使她的朋友去欺负和伤害其他女孩。"芭比婊"，一个用来形容一种女孩团体的词语，这个团体成员认为自己是美丽的、受欢迎的、有权威胁那些在她们眼中没什么用处的人，她们已经成为我们本地令人恐惧的一部分。

科技提高了欺凌和排斥行为的赌注。澳大利亚学会的研究发现，有93%的学生都经历过通过手机进行的欺凌行为，他们称之为"M欺凌"。关于手机，令人担忧的是，孩子们时刻携带它，增加了通过手机进行欺凌的可能性和影响力。现在，能够通过手机短信或者传播羞辱性的照片和视频来攻击别人，要比以往通过八卦和诽谤来进行欺凌的旧方法更厉害。M欺凌在本质上是很直接的，在键入信息内容和点击"发送"键之间，几乎没有什么时间来进行思考。一项类似的研究表示，7~10岁之间的孩子中，有25%都经历过网络欺凌，那就是说，通过网络被别人欺负。这种欺凌可以以匿名的方式，那就意味着有些无法在体力上占上风的孩子，也能通过网络方式积极参与到欺凌之中来。

　　孩子通常不愿意告诉大人她们正在被人欺负。所以我们需要对在学校和在孩子卧室里发生的情况非常警惕。禁用手机和网络并不是解决办法。我们需要更加积极地与孩子交流，告诉她们这个充满危险的世界，为她们遇到M欺凌和网络欺凌提供应对策略。成年人如果看到孩子的欺凌行为，必须认真对待，采取行动。

友谊101

请记住，青春期只是一个阶段，不会伴随一生。青春期女孩大脑的迅速发育能够解释女孩互相欺负这种不良行为，但这并不能作为阴险和下流行为的借口。我们必须认清它的本质：这是不可容忍的行为。但是，也要记住，即使青春期少女可能看起来很成熟，她们在许多重要方面依旧还是小孩子。我们都在努力进步，青少年尤其如此。

在青春期，大脑经历着戏剧般的变化。许多改变开始在小学后期发生，这时老师就开始感叹女孩突然出现的欺凌行为，以及在学校操场上发生的各种戏剧化事件。最大的变化发生在浪漫情感、对性的兴趣、敏感的感情、睡眠规律和食欲等方面。这也会增加她们的冒险行为，开始寻求新鲜刺激和寻找感情归宿。

我们的大脑额叶负责我们的计划、思考、控制我们的冲动、做出好的决定和移情。针对青少年大脑发育的研究显示，她们的额叶还没有完全发育。青少年的大脑"充满了情绪、争斗、逃跑和浪漫，但并没有完全做好计划、控制冲动和深度思考的准备"，临床心理学家安德鲁·弗勒说道。

在我14岁的时候，一天，非常突然地，有个朋友咬了我的胳膊。后来我哭了，因为她把我咬出血了。当我问她为什么要这么做时，她说她只是无法控制自己。在她眼中我是那么美味，她想知道咬我是什么感觉。她已经快要18岁了，但是看上去只有14岁，她对冲动的控制能力几乎不存在。在许多方面，她就像一个刚学会走路的小孩一样任性冲动。这个朋友就是我们的"女王蜂"，狂野，不计后果，容易激动，喜欢喧哗。难怪她在学校总是惹上麻烦，她没有自控能力。回头想想，我们的老师并没有支持她去做出正确决定，也没有教给她应对自己旋风般性格的方法，这让我感到很烦恼。

作为这一阶段大脑发育的直接结果，许多青少年的行为是被情绪驱使的。特别是对少女而言，思维和情绪的联系比其他任何时候都紧密。当你抓住她们的心，她们的想法就会自然而然地跟上。这意味着，要帮助女孩们应对友情中的问题，让她们在与朋友的冲突中更快恢复，最好的方法是通过感情一途，与她们在情感上产生共鸣，帮助她们做出更好的选择。情感共鸣很难找寻，因为你女儿与朋友的争吵"可能从成人的视角看来，显得太可爱了"，悉尼费尔菲尔德中学学生福利部部长莉萨·波特说道："我们很容易说，这在五年内都没什么关系，但是对于青少年来说五年是很长的一段时间，她所处的社会位置就是她全部的世界。如果有些事情不对头，那么她的世界就会崩溃。"她建议家长们回想一下自己是个少年时，是怎样的感受。

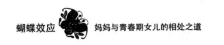

　　跟朋友吵架能让我沉闷一整天……如果一个朋友对我很坏，我会感到内疚，回想自己是不是做了什么招惹到她们的事情，这让我分心，在学校无法清晰地进行思考。

弗朗西斯，17岁

　　当你与朋友和家庭处于一种积极的关系时，就更容易成功，对所做的事情也更有信心。

妮古拉，15岁

　　训斥女儿，告诉她们要尊重别人，这种方法通常没什么作用，也不会促使她做出更多能够让社会接受的行为。女孩们通常看起来好像是在聆听并且接受教导，但是你在长时间内都不会有太多成就，除非你教给女儿她所需要的技巧，来做出真正的改变。健康、友谊的发展对女孩正在发育的心理和社会能力至关重要。但是，谁来教会女孩如何在女孩世界中生存？她们从哪里才能学到在复杂的友谊中应当做出的行为？

　　她们观看的肥皂剧充满了戏剧冲突，里面人物的反应非常激烈、充满敌意，特别是展现了一幅关于友谊构成的消极画面。她们周围的成人关系可能也是不健康的。我见过有的女性混帮派，甚至在我这个年纪依然还在消极攻击，欺凌他人。一些女人和男人玩弄不确定的学校政治。他们的大脑已经完成发育，所以这些成年人甚至不能用"我的大脑正在不断成长"作为借口！

　　女孩们需要我们用自身的例子来向她们展示怎样用感情、爱和尊重来获得朋友。我们能更进一步，将我们多年来交朋友和维持友情的智慧积极地传递给她们。在我的工作中，我喜欢告诉女孩巩固友情的策略。我回归最基本的问题，花时间教导她们怎样去交朋友。这种最基本的事情却没人告诉她们应该怎么做，难道不令人惊讶吗？归属感被认定是年轻人最迫切的需要，尤其是在中学的时候。朋友的重要性，对我们大家而言，不可小觑。就如同这些要点听上去那么明显，值得向你的女儿反复灌输。如果你让女儿坐下来，把这些东西写下来，然后自己学习，那么恐怕不会有什么效果。不如找寻机会，让这些策略与女儿的世界发生关联。

结交朋友

1. 自我介绍和记住名字。这能向人们显示出你见过她们，并且花费了时间精力来注意她们。

2. 说出你想与谁成为朋友，及其理由。这样，你的女儿就不会想要结交那些对她有害的朋友了。

3. 参加课外活动。这不仅会帮助你的女儿学到新的技能，还是一个遇见与她有共同想法的女孩的好机会。她可以尝试运动社团、辩论队、戏剧社等等。

4. 努力学习良好的交流技巧，你就会更善于聆听和交谈。

5. 保持乐观向上的态度。女孩可能会认为边走边批判其他人和事物的"逊"是一种很酷的行为，但实际上这样做只会让她们看起来好发牢骚。

6. 要善解人意。

7. 礼貌地接受称赞，并且真诚地称赞别人。这是许多女孩正在努力做到的。当我称赞一个女孩，而她却回应我"噢，不，我并不真的……"或者"是的，但是我在……方面是无可救药的"的时候，我总是感到很悲哀。

8. 愿意冒被拒绝的风险。你女儿接近的某些人可能并不想结交新朋友，她需要为这种可能性做好准备。

一旦你的女儿结交了朋友，当出现问题时，她该怎么做呢？问题总是会有的。经常，女孩们逃避解决问题，因为她们太想维持别人眼中的好女孩形象了，而好女孩从来都不会大吵大闹。但是这些自我压制往往造成了问题的不断恶化。

与朋友争吵、产生意见分歧，都是常事。这并不意味着我们失去了她们的爱，被她们所忽视，这只能说明，现在有一个需要解决的问题摆在面前。有时候，成年人过度解读了青春期少女与朋友之间的紧张关系，不知不觉地，通过冗长的讨论而让这种关系变得戏剧化起来，在女孩们明明可以自己轻易解决的一些事情上，大人也总是搀和进来，给出自己所谓的"忠告"。一位正在教六年级女生的老师告诉我，她会因为那些十二三岁女生冷酷无情地对待彼此而流泪。她花费几乎整个午餐时间来与女生中的各种小团体谈话。谈论得最多的问题是关于一些愚蠢的事情，她说，比如说谁跟谁讲话了，谁又用了谁的铅笔。我忍不住想象，这些午餐时间发生在教师办公室里的对话可能正在填满怪兽的肚子。

我认为，一个老师在看见男孩吵架的时候，不会像见到女生吵架时那样动感情。男孩间的争吵仅仅被当成"男孩就是这样"而被忽略不计。我们总是希望女孩永远保持低调、和善，这样做公平吗？我们要用策略来武装女孩们，让她们学会自己处理矛盾冲突。我们要接受现实：由于她们所经历的变化——来自大脑和荷尔蒙，一些怒气的产生是不可避免的。还有健康！生活中的冲突实际上为孩子们应对更大的社会做出了准备。如果我们溺爱她们，不教会她们如何与人谈判、解决问题、应对冲突，她们成年之后，就很难正常应对日常生活。

"解决冲突的十个步骤"教女孩如何有礼貌地解决矛盾。它们是基于一本很棒的由寇特妮·马卡文特和安德里亚·范德·普利蒙合著的针对青春期少女的书（《尊重：当别人超过底线时，女孩如何获得尊重和正确应对的行为指南》*<Respect：A girl's guide to getting respect and dealing when your line is crossed>*）中提出的原则而产生的。

解决冲突的十个步骤

1. 提前计划。青少年容易冲动。如果她们不花时间想一想，自己想要对招惹她们的人说些什么，她们恐怕会说出一些以后会后悔的话，或者会抛出一个本来并不想说的观点。

2. 不要抱持表演的心态。对于青少年来说，当她们正在与冒犯了她们的人说话时，如果能把其他朋友也吸引过来，是特别有面子的事情。但是，观众只会火上浇油，因为每个人的情绪都会被激发出来。一场一对一的谈话是比较合适的，但是如果你的女儿真的很害怕面对那个女孩，她可以带上一个自己的支持者。这个支持者应该是一个让双方都感觉心理上很舒适放松的人，她仅仅扮演一个旁观者的角色。注意：由家长来承担支持者的角色是很不合适的！不止一次，我听说母亲陪伴女儿去见另外那个"伤害了她心中至爱"的女孩。这种做法升级了女孩之间的精神碰撞。虽然，直接参与到事件之中，可能对于家长而言有种难以抗拒的吸引力，但千万不要这么做。但是，如果事态严重，比如欺凌、歧视和骚扰，我强烈建议你去女儿的学校解决这些事情。

3. 把注意力集中在你的感受上。使用含有"我"的语言（例如，"我感到很受伤，当你跟其他人谈论我的时候。"），要比含有"你"的语言（例如，"你是无法信任的。"）不那么容易激怒别人。你的女儿可能还不太擅长分辨自己的情绪，你可以通过一个词汇表来帮助她感受自己的情绪，拓宽她的情绪词典。比如说，"你现在是生气，还是感觉被人背叛了？"或者"你感觉害怕吗？还是受到威胁？或者觉得悲伤？"与她一起进行关于情绪的头脑风暴。

4. 承认你的错误，并且道歉。有时你的女儿认为自己只错了一部分，但是通常为了缓和形势，其他所有人都只需要听到一句简单的"我错了，对不起"。一个好的道歉应该也包括她说出自己想要如何弥补错误，或者在将来怎样改变自己的行为。

5. 明确的表达。青少年容易对事情一概而论，或者夸大其词。某些人总是做出我们不喜欢的事情的情况也比较少见。我鼓励女孩清晰地表达出在某种特定情况下到底是什么惹恼了她们，不要去揭她们的旧伤疤。比如，"我感到很伤心，因为在派对结束后，你告诉梅利莎我不再是你的朋友了"要比"你总是在背后说我，就像你去年对我做的事情一样"这种表达方式强得多。

6. 给他人时间。给别人一些时间去思考明智的做法，这样她们就不会说出冲动的话。你的女儿可以试着这样说："我想要跟你谈谈在派对上发生的事情，因为我对这件事感到很伤心。我们能在放学后谈谈吗？这样你也有时间考虑一下当时发生的事情。"

7. 保持冷静。这一点，说起来容易做起来难！少女们谈论起友谊的张力时，是很容易被调动起情绪来的。教你的女儿一些简单的呼吸和冥想法来帮助她保持冷静，这很有好处。你能在附录2中找到这些方法。

8. 坚持自我。作为一名老师，我很快领会到了自信和挑衅之间的区别。如果你对青少年进行挑衅，她们很快开始防备，变得愤怒，充满敌意。这是很正确的！如果你的女儿想要其他女孩聆听自己，她需要坚定清晰地表达自己，通过她的语气和身体语言显示出自己期待他人的注意。女孩们经常使用不自信的词汇来作为句子开端，比如"我可能错了，但是……"，或者使用一些会减弱她们所表达的话语的力量的美国流行文化词汇："这有点像……"或"当你那样做的时候，我变得有点生气"之类。鼓励她们谨慎选择词汇，在对话中保持强大。给她们一些用得到的、充满自信的短语，例如"我不喜欢你那样说／做"和"我希望你能尊重我"。

9. 期望被聆听。当你的女儿靠近一个朋友，想讨论一些对她来说很重要的事情时，她有权期望朋友停下手中正在做的事情，并且聆听她。你的女儿要求某人在与她谈话时放下手机或是停止左顾右盼，这种要求完全合理——除非她挑选了一个不合适的时间来进行谈话，这时候她应该给朋友一点时间。

10. 积极面对。很重要的一点是，鼓励女孩建立"没有必要与每个人都做朋友"的观念。一些友谊最后会走到终点。友谊虽然有结束的时候，但这不意味着过去的朋友必然自动转变为敌人。让你的女儿知道，由女孩们自己来决定友谊的结束，然后简单地开始新生活，这是完全没有问题的——虽然不再是朋友，但彼此依然友好。同样，友谊可能会结束，但并不一定永远结束。友情可能仅仅是在那个星期或是那个学期、那一年"结束"了。注意不要去和女儿一起批评她曾经的朋友：如果她们重归于好，那么你的话就会变成别人用来攻击你的武器！

这十个解决冲突的步骤在你处理同女儿的冲突中也很实用。在生气的时候，我们这些大人经常把"尊重对方"这一点抛到脑后。众所周知，我曾经在早晨帮孩子们做上学的准备时，会变成一个狂怒的女妖。我冲着10岁的女儿怒吼，当着她哥哥的面，对她说她总是害我们迟到，然后指责她是个自私的人，让我的每个早晨变得无比难熬。在那些时刻，我感到自己的头仿佛快要爆炸了。我恨自己变得如此丑陋，但是我更加恨自己的处境，所以我继续咆哮着。

然后，我花费一天中其他全部时间用来感到愧疚。

令人抓狂的接送孩子上学只是冰山一角，我确信这一点。在未来，我和女儿的关系能够经受住更多挑战。通过一些坚定的策略，我相信一定可以。

行动计划

了解你女儿的朋友们

你虽然不能加入她们的小团体，但你能深刻洞察那些具有塑造女儿性格作用的年轻人。"我举办了一个开放日活动"，琳恩说，她有两个女儿，一个15岁，一个17岁。"女儿的朋友们总是会来参加。我喜欢这样，我能认识所有人，看着她们的朋友们一起成长为年轻女性。"

不要针对她的朋友的种种小事做出评论。例如，"你的朋友总是在说'有点儿……'，那听起来实在太愚蠢了"这样的评论。即使你的观点是正确的，你的女儿也不喜欢听你批评她的朋友。女孩都将朋友们看做是自我的延伸：当你批评她们时，她会觉得你也同样在攻击她。

设置界限

如果你女儿的朋友做出了令人无法接受的行为——比如说，吸毒或是酗酒——那么你应该而且必须采取行动。让你的女儿知道这是不可接受的，让她懂得，你希望她接受你的建议，做出正确的行为。作为家长，我们要为自己的孩子设定行为界限。我们可能并不是女儿最好的朋友，我们无法加入她身边的"受欢迎度竞赛"。作为家长，如果有需要的话，我们必须做出一些可能会不受欢迎的决定。

事实上，想把女儿从她所属的同龄人团体中拉出来是极端困难的，你根本无法控制她在学校的行为。在这种情况下，首先需要弄清楚为什么你女儿的朋友会做出危险行为。是因为她们感觉无聊吗？你能帮她们想出一些别的事情来做吗？一些女孩需要把她们的精力倾注在健康有益的事情上。万一最坏的事情发生，你认为必须禁止女儿再与某个朋友或者某个团体接触时，用一些积极的事情来代替对她的处罚，比如，帮你的女儿与其他人接触，可以邀请另外一批女孩来参加派对，或者在家里过夜。

澳大利亚反性别歧视、反年龄歧视委员会委员伊莉莎白·布罗德里克告诉我，当她和姐姐是青少年时，她的妈妈"特别喜欢做出限制"。但是为了避免总是直白地用"不"来拒绝她们，她会给她们一个选择。"她非常精于此道"，伊莉莎白说，"如果我们想去参加一个她并不赞成的派对，她会在同一晚组织另外一个更具诱惑力的活动；她精心组织一些很不错的冒险……当时，我们并没有意识到她的目的。我们总是在做她想让我们做的事情，我们在她的控制之下成长着。"

同样也了解你女儿的朋友的家庭情况

邀请其他家长来家里，特别是如果女儿以后打算去朋友家玩的话。与其他女孩的家庭建立联系的最大好处是，你能与其他成年人分享经验，他们也跟你一样正在教育问题上不断摸索。在数量方面你也会取得优势：通常，青少年喜欢试图让家长觉得自己是唯一喜欢干涉孩子私事的人（"但是别人的家长都让她们这么做了！"）。只要你与其他家长聊聊天，就很快会发现，"别人的家长"同样也会设置行为上的界限。

扩大她的交际圈

扩大女儿的交际圈，那么除了在学校的那些朋友之外，她还能发展出与其他人的友谊。这样的话，如果学校的情况变得糟糕，她依然还会有别的能够联络的朋友。尝试一下永久性的体育俱乐部，戏剧或者艺术班，舞蹈学校或者诸如"女孩向导"之类的组织。鼓励你的女儿与男孩子建立友谊，不要因为这些而嘲笑她。许多青春期少女与男孩相互之间都建立了真诚相待的令人满意的柏拉图式友谊。"我最亲密的一个朋友是个男孩"，15岁的金说。"当父母为此嘲笑我或是暗示我还会跟他有更深入发展的时候，我会很生气，因为事实并不是像他们想的那样。他很有吸引力，我想，但是对我来说——他只是我的哥们儿。他让我觉得有人能理解自己。跟他在一起，事情总是比跟女性朋友在一起要更简单……跟他在一起，不会产生女孩之间互相竞争的那种心理。"

不要跟朋友们比拼谁更受欢迎，这很重要。几个好朋友也许就是你的女儿所需要的，所以不要为她没有一大堆亲密朋友而担心。

学习区分吵架和欺凌

你的女儿可能会把与朋友一次偶然的争吵升级成一场大灾难，并且告诉你，每个人都恨她，没有人是她的朋友。但是这并不是真实情况。另外，她可能是一场真正的、正在进行中的欺凌行为的对象。如果你关心女儿与其他女孩的关系，请深入挖掘真相。充满感情而又机智巧妙地问她，聆听她，如果你还无法确定的话，请与学校取得联系。

调整你与朋友的友谊

你现在依然困在任何一段有害的友谊之中吗？你有没有那种轻视你、不理睬你或者让你感觉自己被排斥的朋友？你认为你会对其他人这样做吗？如果是这样，是把你自己从这种模式中解放出来的时候了，然后选择更健康的友谊——不仅为了你自己，更是为了给处于青春期的女儿树立一个好榜样。

为好的友谊喝彩

对于许多女孩和成年女性来说，女性朋友是生活中最重要的一些人。难道不是因为这样，我们这些大女孩才全都爱看《欲望都市》吗？就连那些反对剧中展示的疯狂消费主义和对于寻找男伴的狂热的人，也会被剧中女性之间的真挚友谊深深吸引。忘掉Manolo①和Big②吧，真正能引起共鸣的是女人之间的友谊。让你的女儿知道，你的女性朋友对你是多么重要，你是如何重视她们。告诉她，当你看到她成为别人的好朋友的时候，你是多么高兴。

试着体会你女儿强烈的感情，理解女儿在感情上正在经历的种种坎坷。不要轻视她，责备她只会惹事生非。试着练习在附录1中提到的"给少年时的自己的一封信"，找回昔日自己还是个小女孩时的那种感受。

聆听

你并不需要总为她解决友谊方面的问题，但是如果她想对你表达些什么，一定在她身边认真聆听。

---

① Manolo：Manolo Blahnik是世界知名鞋类品牌，是高跟鞋中的"贵族"，剧中女主角是Manolo女鞋的狂热追求者。
② Big：Mr Big是剧中女主角的男友，高大英俊，多金幽默，是无数女孩的白马王子。

请牢记

我要让身边围绕着积极向上的人们，吸引好朋友来到我的生命中。

我有同情心，我是一个好的聆听者，我谨慎地选择自己的语言。

第
五
章

与女孩共饮

很长时间以来，我们认为烟草是男孩最先尝试的，而且抽得更凶，时间更长久。

在20世纪90年代早期，我们发现，在烟草的使用率上女性与男性基本持平，女性甚至还要稍微高一点儿。在大麻使用率和饮酒方面，我们也看到了类似的趋势。在二十年里，女孩已经赶上了男孩。

墨尔本青少年健康中心，乔治·巴顿教授

我们正处于青少年流行性酗酒的时代之中。女孩们又是其中最放纵、最沉溺的。研究显示，12至15岁之间的女孩每周至少饮酒一次，是同龄男孩的3倍。14至17岁孩子的饮酒行为中，有80%在危险警戒线上，这经常会带来身体伤害，因为在喝醉后，年轻人经常会参与一些危险行为，比如游泳、驾驶或者打架。青少年要比成年人花费更长的时间才能感受到喝醉的症状。因此，青少年更容易陷入狂欢，或者饮酒量超过危险界限，同时并不会意识到自己已经烂醉如泥了。研究显示，青少年时期饮酒会干扰青少年生长发育的关键阶段。青少年的大脑尚未完全发育成熟，无法对后果进行理性思考。对现在的状况充满感情地进行回应是有好处的。将这一点与饮酒联系起来，你会真正开始担心此事。许多女孩在受到影响之后，才开始为之前作出的错误决定而后悔。

我们的女儿中有太多人正在用她们的安全、健康和自身发展冒险，她们用宿醉和后悔充满自己的生活。这是为什么？

注意力、酒精和逃脱

喝酒是没有理由的，但是在我与青春期少女成千上万次关于酗酒的对话中，一些线索浮现了出来。

在我们高度"性化"的文化中，为了赢得更多注意，越来越多的青春期少女在跟朋友出去玩的时候，做出像脱衣舞那样的舞蹈动作，并且衣着暴露。这些事情在喝醉之后更容易发生，更难禁止。凯蒂·佩里的一首著名歌曲《我亲吻了一个女孩》（*I Kissed a Girl*）透露了真相，在歌中她讲述了关于亲吻一个女孩的事情，虽然她并不打算真正这么做："我变得那么勇敢，手里拿着酒……"似乎在凯蒂看来，亲吻其他女孩的举动，以及在接下来的歌曲中提到的想要挑逗她男朋友的冲动，这一切与酒精的关系要比她自己真正的性冲动还要密切。

女孩们告诉我，在派对上，当着男孩们的面进行女孩之间的亲吻已经完全过时了。一个女孩说："喝醉然后和女孩接吻曾经是在派对上赢得注意力的保证，但是现在男孩们期待更多。他们以前已经见过那些了。现在他们喜欢'耶，耶，来点儿什么都行'。"

　　女孩们还将她们的醉态放在社交网站上，比如MySpace、Facebook，或者放在视频网站YouTube上，希望自己能够立即成为网络红人。难怪女孩们把酒精当成一种赢得注意的方式，她们对于名人做出的不良行为都无比迷恋，争相模仿。我们像偷窥狂一般尽情欣赏着帕里斯、布兰妮、琳赛、艾米·怀恩豪斯等等明星酗酒、嗑药的出轨行为，当这些明星醉醺醺地被人从酒吧和夜店中搀扶出来，或者被强制进入戒毒所的时候，我们却有意无意地通过观赏和崇拜，美化了她们这些危险的出轨行为。青春期少女乐于将她们烂醉如泥的情态公开出来，这种正在蔓延的趋势会对她们的生活产生长期影响。看看媒体和公众对于帕里斯、布兰妮等人的反映吧：我们也许认为她们是明星，但同时，我们也轻视她们，把她们当做垃圾。在"堕落女性"与"喜欢喝酒的男人"之间，社会对于前者的容忍度要比后者低许多。我无法想象一个男明星如果喝醉，做出过度性感的行为然后昏过去这种事情能博得娱乐版面，但如果女明星做同样的事情，一定登上报纸头条。

　　尽管报刊头条都在尖叫着提倡"放荡不羁"，我却并不觉得狗仔队拍到的那些醉醺醺或是嗑药的女明星看上去有任何一丝性感之处。是的，她们永远恰到好处地暴露出性感部分；是的，她们参与那些几乎变成惯例的女孩与女孩之间的互相抚摸和诱惑——虽然她们的眼神充满疲惫，呆滞无光。她们被各种闲人围绕，但她们看起来依然孤独。

　　孤独，或许还有悲伤。喝酒是一种自我治疗抑郁的方法，狂欢也是一种虚无主义的逃避。具有讽刺性的是，把酒精当成是镇静剂，女孩们通过喝酒来驱赶悲伤，来终结糟糕的感受……但她们同时喝得更多了。

女孩们也告诉我，她们喝酒是因为无聊。当喝酒的时候，她们更加外向，无法控制地傻笑，摔倒在地上，甚至呕吐起来，这些让她们感到很开心，让她们与朋友更亲近。在女孩的世界里，你为了与同伴亲密无间，几乎愿意做一切事情。

酒工业一致努力尝试迎合年轻女性饮酒者的口味，这也是另外一个导致目前青春期少女饮酒率上升的可能原因。早在20世纪80年代早期，酒市场只有啤酒、葡萄酒和烈性酒。接着，混合饮品RMD（也被称作波普饮料）诞生了。酒精和果汁、香精和软饮的混合物，都为了吸引那些还没有发现酒精魅力的人而出现在市场上。所有甜蜜的口味成为鸡尾酒的伪装。在2008年，澳大利亚消费者团体"Choice"选择了78名青少年（因为法律原因，选择的青少年都在18岁至19岁）来做一个针对软饮、波普饮料、葡萄酒和啤酒的口味测试。虽然她们能尝出葡萄酒和啤酒样本中含有酒精，但是当把波普饮料和软饮料进行对比时，1/4的人都无法分辨哪一种含有酒精。

随着波普饮料的流行，颓废变成一种很美味的事。不管一个女孩是否想借助喝酒来摆脱规则的禁锢、忘记自身问题或者仅仅是为了成为团体的一部分，感谢波普饮料，现在她甚至不用碰真正意义上的酒就可以做到这一切。

作为一个青春期少女，我因为上面提到的种种理由而喝酒。从14岁开始，在未成年"蓝光"迪厅被当地警察管理之前，我和朋友们会喝skol牌的"像糖一样甜蜜"的气泡酒。负责监管这些事情的警察是怎样注意到超过一半的青少年都在盲目饮酒的，我不得而知。我们中的大部分都几乎无法站立，更不用说跳舞了。现在回想起来，我们当时的画面是多么令人悲哀啊！小女孩依然穿着印有米奇图像的T恤，当最爱的歌曲《喝醉》（*smashed*）响起时，会高兴地跳起来。我们喝醉是因为那样一来所有事物看上去都更加惹人发笑。至于摔倒？那是多么有趣！呕吐在自己脚上？真快乐啊！我们完全不顾自己的社会禁令。

我与一个自己暗恋了数月的男孩发生了初吻——在我喝醉之后。我把自己的身体贴了上去。他当时也喝醉了，所以我们坐在一起，醉醺醺地拥抱着，不再害怕流露出对彼此的喜欢。如今，为了得到他真正的注意，我甚至愿意为他表演脱衣舞，但在当时，只要有激情就足够了。

接着，在长大一些之后，我开始通过喝酒来降低自己的潜能。还是学生的我因为论文中的各种事例、数据和引用而头疼，为了自己给自己所施加的一切——要成为第一，成为最聪明的——而倍感压力。当我喝醉的时候，我几乎不能说出一句前后连贯的话，更别说形成某种观点了。喝醉就像是给头脑放了一个假。

对我而言，喝酒似乎是太成熟的事情，就像今天小女孩的看法一样。对于大多数青少年来说，喝酒是成年的标志之一，因为她们看到周围大部分成年人都在做这件事。酒在澳大利亚文化中是很重要的一个元素，不管是庆典还是追悼，都有酒的身影。如果不来杯啤酒，你就不是澳大利亚人。

　　在我的家里，我父亲每天下班回来就开始喝酒，一直喝到他轰然倒下，陷入梦乡为止。这并不是一幅具有吸引力的画面，但奇怪的是，在我眼中这看上去十分放松。他也因此变得更加高兴，更有活力……直到喝完第五或是第六瓶啤酒之后，他立刻安静下来，或者开始使用暴力。　.

　　我非常抗拒参与一些看上去过度成人化和男性化的事情。最大的原因在于，我见过处于狂怒中的父亲——谢天谢地，这情况并不经常发生，但却非常令人震惊，难以忘却——我将喝醉与力量联系了起来。我知道，很少有女性严重酗酒。当然，我家里没有女性酗酒，或许她们偶尔会来一杯混合啤酒，但我从未见她们喝醉过。

　　似乎年轻女性到了"后男女平等主义"的时代，我们将喝酒也作为女性的权力而沉溺其中。如果男孩们能够不醉不归，我们为什么不呢？女性权力！

　　回首我生命的这一阶段，我发现自己的行为是多么危险。喝醉并不会真正让我变得有力量，它反而令我更加脆弱。我的学业成绩也因此退步。我对朋友说出一些令自己后悔的话语。我在喝醉时做一些愚蠢而又冒险的事情，而在清醒时我是绝不会这么做的：沿途搭车、躺倒在疯狂派对的屋子地板上、独自走回家、乘坐醉醺醺的司机所开的车。而这些行为没有导致什么严重后果，完全是凭运气。

　　当喝酒让女孩们有种天下无敌的感觉，她们喝醉之后所面临的风险就更大了。她们的判断力下降，反映变慢，动作也变得笨拙起来。小女孩喝醉后，会面临遭受暴力和性骚扰的危险。我并

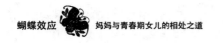

不是在责备这些受害者：这并不是她们的错。但是喝醉会让女孩更容易变成犯罪目标。我们知道，食肉动物总是寻找猎物的弱点来下手，女孩们喝醉后，就把自己放在了一个更具危险性的位置上。喝酒并不能标志着从大男子主义中解脱出来，反而是一种新的对许多青春期少女（同样也有许多成年女性）的束缚方式。

每个女孩都应该知道的关于酒精的知识

请注意，以下数据仅适用于超过法定饮酒年龄（18岁）的男性和女性。

在酒精对身体的影响方面，女性比男性更加脆弱。这是因为男性和女性在生理上的差异导致了身体代谢酒精的方式也有所不同。当一个人喝酒时，酒精进入血液循环，然后变成水溶性物质，被带到全身所有含有水分的器官之中。女性通常比男性身材娇小，这意味着身体承载酒精的体积更小，导致酒精在血液循环中浓度更高，对身体的影响也更大。再加上，脂肪组织并不会吸收酒精，而女性的体脂肪含量通常高于男性。体内能够吸收酒精的组织更少，在摄入等量酒精的情况下，女性身体受到的影响要比男性更大。另外，身体分解和排出酒精的能力与肝脏大小有关，而女性肝脏的平均大小要小于男性。

节食和追求以瘦为美的文化也会增加酒精对女性的影响。节食会导致体液的大量流失，而正是这些体液能够吸收酒精，在节食者的身体系统内，酒精浓度更高。这对青春期少女意味着更多。

过度饮酒对于男性和女性都是危险的，但女性更容易受到酒精带来的长期危害。因为生理方面的差异，足以对女性健康产生危害的酒精量要比男性更低。对于女性来说，如果一天饮用的酒超过两杯，就会增加过早死亡的风险。与不喝酒的人相比，饮酒者的死亡风险会高出40%。对于男性而言，每天的饮用量超过四杯，死亡的风险也会开始增加。

一个人饮用的酒超过标准量越多，过早死亡的风险就越大。因此，狂欢放纵的时候——通常会一次摄入大量酒精，这是大多数青少年饮酒者喜欢的饮酒方式——格外危险。

因为我们的肝脏要比男性更小，与男性相比，即使很低的饮酒量也会给女性带来肝脏伤害和肝硬化。酒精增加了女性患乳癌的风险，随着饮酒量的增加，风险也随之增加。每天喝三或四杯酒的女性比那些不喝或者只喝一点的女性患乳癌的风险高出35%，如果一个女性每天喝超过四杯酒，她的风险会上升到67%。酒精导致的女性死亡通常以窒息、摔倒、酒精性肝硬化和交通事故等形式发生。酒精造成长期的生理隐患，会增加女性和女孩遭受暴力侵害的风险。最后，喝醉不仅会导致不安全性行为、性病或是意外怀孕，同样也会对肚子里的孩子的健康产生威胁。

我们肮脏的小秘密

　　许多家长将青春期女孩（或者男孩）的喝酒行为仅仅视作成长的信号，这让我感到十分惊讶。我与许多父母进行过交流，她们都为自己的女儿可能会嗑药或者用酒来搭配毒品而担忧不已，焦虑难安，然而当她们听说女儿喝酒时，却不以为然。常常是父母为自己的孩子买酒，她们批准了那些不在她们监督之下的派对。她们引导了"酒精伴随所有一切"的生活方式，表现得就像一个模范酗酒者。

　　在社会中，成年人对学生饮酒视而不见，位于阿德莱德的圣彼得女子学校调查了学校女孩的酒精消费。调查发现，最活跃的未到法定饮酒年龄的饮酒现象发生在高一和高二，女孩的年龄从14岁至17岁不等。家长们经常购买各种酒，女孩们则能够轻易在家里找到它们，甚至在贩酒的商店孩子们也能买到酒。最流行的喝酒地点是在家里、朋友家里、派对上或者在公园里。女孩们表示警察通常不会对她们未成年人的饮酒行为进行真正的干涉。

　　这所学校建立了不间断的交流，用来向社会大众对于喝酒的

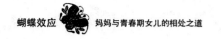

态度提出质疑，我们应该为这个计划的坦诚和发人深省而喝彩。如果我们还不开始认真对待青春期少女的饮酒问题，我们可能会将她们推向一生都与酗酒做斗争的深渊。研究显示，青少年（特别是青春期少女）过度饮酒更容易成为酗酒者。

在狂欢作乐之外

我上一次喝酒是在几年以前，在我女儿的17岁生日派对上。那是一个大日子，来了很多孩子们，许多大人也来参加，一如既往地，许多成年人就意味着大量饮酒。

第二天，一整天我都躺在床上呻吟，发誓——我再一次这样决定——以后再也不喝酒了。

我与自己进行过多少次这种对话？我36岁了，依然在不断掩饰自己，这样真的没问题吗？

我的孩子，一个15岁，一个17岁，都已经能够清楚地知道喝醉的成年人与清醒的成年人之间的区别。我很想知道她们是怎样看待我喝酒这件事的。

我不再用喝酒作为一整天的开始，只有在周日晚上，等孩子们已经睡下，我才开始喝第一口酒。我从不酒后驾车。我也从来不会因为宿醉而导致第二天请假不去上班。我的大多数朋友喝的和我一样多，一样频繁。但是，每次都喝下一瓶甚至更多酒真的没有问题吗？

不。我感到越来越疲惫，不管是身体上还是心灵上。我受够了为来点"乐子"而不断找理由（听起来这么无害的一个词汇，实质上怎么会如此错误？）；对自己从来都不知道什么时候才算喝够了而感到失望；为自己光明、闪耀的生命中拥有"喝酒"这样一个部分而感到悲哀。饮酒这件事与那个我所知道的真实的自己——一个强有力的女性一点也不相称。

我找了一个医生，与她交谈，帮助我做出更好的选择。直到我被建议戒酒，我才意识到自己对酒精已经那样依赖。开始的几个月十分辛苦，女性朋友给我的支持少得可怜，因为她们依然在坚持喝酒。她们说，"为什么你要彻底戒酒呢？""这多么无聊啊，丹妮！""那么以后我们不会再叫你一起吃饭喝酒了。"

但是我知道，自己永远不会变成一个很有克制力的、只有跟朋友一起才会喝酒的人。我以前也从来不是。要么一直如此，要么永远不会。也许我有一种植根于基因中的对于喝酒的渴望，或许是因为我曾经目睹过父亲在家里严重酗酒。能够肯定的是，我的父亲因为酗酒而完全毁灭了自己的生活：他失去了工作和家庭。而我会悬崖勒马。

青春期女孩需要我们说出理由，控制她们。这意味着现在是成年人结束自己的不健康饮酒行为的时候了。青春期女孩是那些反对饮酒狂欢活动的目标，但是如果你与她们交流，她们会告诉你就算她们周围的一些朋友会放纵喝酒，但是把所有年轻人都挑出来，把他们全都看成是一路货色，这是不公平的。正如詹妮弗·邓肯在《布里斯班的星期日邮报》（*Brisbane's Sunday*

Mail）中所说的，酗酒是"一个全社会的问题"，我们全部人都需要对此负责。"思考饮酒问题的第一步"，她写道，"是搞清楚年轻人从我们自己的行为中学到了些什么，针对这种现象，我们对自己的行为作出相应调整。"政府拟定的针对抑制青少年饮酒现象的行动计划中包括了很多方面内容。然而，这仅仅在一定程度上有约束力。我们可以限制酒吧的营业时间，对酒收税，禁止波普饮料，但是最后，还是得依靠家长们在自己家里做出限制。

圣彼得女子学校进行的一项青少年饮酒研究向我们传达了利好消息：研究显示，女孩们已经意识到自己应该对饮酒建立起全新态度。接受调查的女孩们都欣然接受那些不喝酒的人，并且相信这些人有选择不饮酒的自由。在所有年级中，女孩都知道饮酒带来的危险，特别是狂欢作乐的时候。高三女生强烈感觉到了未到法定年龄的饮酒现象与父母做出的榜样之间的联系。这些女孩事实上是很想要规定宵禁的，她们不希望父母对自己孩子的饮酒行为视而不见。青少年其实渴望约束和限制，因为这样一来，她们就不用承受需要自己对所有事情负责任所带来的压力了。

　　我见到别的女孩喝酒，但我不喝。我觉得她们看上去很蠢，醉得不省人事。女孩喝得烂醉如泥，仅仅是为了引起其他女孩的注意。我才不会那样做呢。

萝斯，13岁

来自同龄人之间的压力在事实上却变成了积极力量，一个例子就是，如果你在一个派对上，总是会有某人告诉你，你其实不用喝酒，或者你其实不用抽烟。

布鲁克，14岁

喝酒在小乡镇上是很普遍的。这仿佛是其他女孩整个星期在学校谈论的唯一事情——她们喝了些什么，喝得有多醉，下次喝酒是什么时候。我从来都不喝酒，这让我很难融入她们，但是我认为喝酒是一件蠢事。如果我做了件有趣的事，我希望以后还能想起这件事（在喝醉之后是想不起喝酒时的感觉的）！

露西，16岁

行动计划

做一个好榜样

如果你的女儿在长大过程中目睹你规律性地严重酗酒，当你规定她不许喝酒的时候，她就不会认真对待你的命令。我认为，许多家长需要问自己一些可能会很难回答的问题：

我在自己的孩子，以及其他青少年面前饮酒过量、过度频繁吗？

如果是这样，在如何进行交际这一点上，我的喝酒行为教会了孩子些什么？

关于如何应对压力，我的行为教给了她们什么？

如果你需要寻求帮助，来控制自己的饮酒，那么现在就行动吧。不要等到火车出轨之后才行动，在一切变糟之前跳下火车。我自己就戒过酒，我知道这看起来是一个无比巨大的挑战。

"我从来没见过父母喝醉，我的女儿也永远不会看到我喝醉，"伊丽莎白·布罗德里克说道。"我们的行动造就了我们。"

坦诚公开地讨论饮酒问题

一个叫做凯莉·达西的小女孩制作了几部很棒的短片，用来劝阻青春期少女喝酒。短片在美国一个比赛中获了奖，这个比赛鼓励小女孩们制作公益广告，来显示为什么未成年人饮酒会带来不良后果。达西的电影塑造了两个青春期少女形象，她们被同伴排斥，被运动社团开除，她们中的一个人在派对上喝酒的视频被放在社交网络上之后，她们被父母打了一顿。与你的女儿进行对话的一个不错的方式就是和她一起在www.alot2lose.com上看电影。

你可以问一些问题——最好用自己的话来说——作为一段意味深长的对话的开始：

1、你见过别人因为喝醉了而表现得跟正常时候不一样吗？看到她们，你有什么感觉？

2、除了社会风险之外，喝过多酒还会给身体上带来哪些危害？它从哪些方面让女孩变得脆弱、暴露在危险之中？

3、为了给自己和朋友减少这种风险，你能做些什么？

4、如果你的朋友们的行为方式让你感到焦虑，你会怎样做？你能做些什么，以控制局面？

5、你认为这些电影里是否含有关于酗酒是有害的内容？是什么让这些内容与你和你的朋友产生关联、更加有效？

设置标准，坚持执行

我不相信那种"由父母给自己的孩子买酒，让她们在家里喝酒，情况会好一些"的论调。采用这种策略的家长们表示，这种方法很完美，因为至少这样孩子们能够受到监督，不然，她们就会自己出去买酒，而且可能比在家喝得更多。

这是一个广泛存在的观点。但是如果你现在同意这个观点，请仔细想想：如果你的女儿下定决心要尝试吸食大麻，你也会去帮她买回来吗？这个例子似乎看起来很极端，因为与酒不同，大麻是非法的。但是要记住，未成年饮酒同样也是非法的，不管是在家里还是在外面都是如此。我认为，如果你纵容那些非法的、不健康的行为，就好像是走在一段光滑的下坡路上，事态会越来越无法控制。你的孩子会用你的妥协来针对你："为什么我不能去成年人的酒吧？你都允许我在家里喝酒了，那么我去那里喝酒同在家有什么大的区别吗？"

与人们普遍的看法相反，在饮酒问题上坚持原则不会让你的孩子偷偷溜出去，更加频繁地喝醉。事实上，研究显示，当家长允许孩子在家喝酒，这让喝酒变成一种很普通的事情，降低了孩子对于喝更多酒的压抑。研究同样表明，我们让孩子越晚接触酒，孩子出现与酒精相关的长期问题的风险也就越小。

说"不"。坚持原则。这实施起来也许有点难度，但是就算你的女儿破坏了规定，至少大家都知道你没有纵容她的饮酒行

为。不要让喝酒在女儿心中变成一件轻而易举的事。

提供替代品

鼓励你的女儿将兴趣放在一些特制的适合未成年人的药物上，或者喝一些不含酒精的饮品。

保持冷静

如果你的女儿的确喝醉了，试着不要去表现得过度激动，因为这只会让她觉得自己无法再继续信任你了。确保她被照料得很好，增加她的液体摄入，因为她可能会脱水。在她清醒之后，向她表达你的失望，告诉她你不允许她喝酒的理由：

未成年人喝酒是非法的。

喝酒对她的身体有害。

喝酒会影响她在运动和学业上的表现。

在酒精的影响下，她可能会做出一些令自己过后感到后悔的事情。

喝酒会增加她受伤害的风险。

请牢记

我的身体是一座神殿，我会做出好的、

健康的选择，给它尊敬与荣耀。

我用有治愈作用的、健康的方式来放松自己，享受生活。

第

六

章

购物是为了标签，还是为了爱？

　　小时候，我幻想着长大之后成为一名律师。我能够想象自己站在一个坐满了人的法庭前面维持着正义，而此时，所有人都在全神贯注地聆听我的发言。时光流转，我最后并没有站在法官和陪审团面前，而是站在教室里。我教导，更重要的是聆听年轻人。当我与他们聊起毕业之后的理想时，许多人毫不犹豫地选择了律师、医生和教师作为理想职业。这些职业都能带来金钱和名望。在高中，我听过这样的说法："老师，只要我能挣到钱，你就不必太在意我是个什么样的人，好吗？"在小学，我见过六七岁的小女孩们把"要出名""当个模特""想上电视节目"，甚至还有"变漂亮、出名，成为歌手或者演员"作为人生的最终目标。

成为一个成功的商业女性，或成为高技能人才，抑或是想当一个优秀的艺术家或者演艺人员，这些都是值得追求的目标。当我看到女孩们身上有创业精神和雄心壮志的时候，我也感到十分振奋，因为我知道，在商业或者职业生涯中的成功能带来身心的自由以及强烈的个人成就感。令我忧虑的是一味盲目追求财富和名气的拜金主义。目前，社会给女孩们的影响是：只有名气和财富才是衡量成功的唯一标准。她们只能看到名气与财富的耀眼光环，却不知道这些荣耀都是掌握专业技能，加上天赋，当然，还有不断学习才能获得的。

我们能够看到，现在的电视节目经常将那些懂一点唱歌的，或者是身材不错的普通人打造成欧美明星，他们或是赢得金钱奖励，或是得到大品牌的合约，这些节目都埋下了拜金主义的种子。我们能够从散发着光泽的杂志中闻到拜金的气息——那里面用法庭陈述一般严谨的语言刊登本季必须购买的最新热门设计师手袋、牛仔裤、手机、礼服裙、靴子、项链，或者是被狗仔队偷拍到的国际明星的最新宠物。名气、财富和奢侈品如同一个具有无穷诱惑力的漩涡，无数女孩被吸引着，飞蛾扑火般朝它涌去。

眼下这一代孩子是有史以来对名牌最着迷的一代。美国青少年平均每周会进行145次关于品牌的对话。在英国，调查中差不多一半孩子表示她们毕业后唯一想做的就是"赚很多钱"的工作。在澳大利亚，根据YouthSCAN每两年进行一次的国际调查，10至17岁的孩子们想"拥有更多的钱，更多玩具，更多能够为之花钱的事物"。调查发现，拥有自己的手机、mp3播放器或者Ipod、DVD播放机和数码摄像机的青少年并不少见。这些物品当然位于时尚、饰品、化妆品和与朋友出游的花费之上。

我们为什么要知道这些？因为伴随着越来越高的消费，青少年正在背负与成年人一样的重担。澳大利亚的青少年与从前相比要打更多工，赚更多的钱，其中很大一部分人正在承受向信用卡还款、交手机费以及来自朋友和家庭的压力。他们甚至开始显示出成年人才会有的迹象——"选择疲劳症"。这来自必须从大量看起来非买不可的消费品中进行挑选而造成的身心疲惫。越来越多的孩子希望不断膨胀的消费品的"旋转木马"能转得稍微慢一点。研究者甚至发现，当一个孩子变得更加物质化，她就会有更加抑郁、焦虑、自尊心降低的倾向。

我们也应该关注这个问题，因为青少年现在作为大规模的消费市场的一部分，正被广告公司和市场作为进军目标。当我们的女儿正在学习、成长，形成她们自己的人格特征时，她们是格外脆弱、易受影响的消费者，市场营销人员也懂得这一点。当你读到某个市场专家在一个纽约大型市场和广告聚会上发表的如下言论："孩子是市场最有力的部分，我们应该充分利用他们。"你会不禁感到浑身发冷。你能想出任何一个能够将"孩子"和"利用"合理地联系起来的环境吗？我反正是想不出来。

现在，你或许正在一场发人深省的反拜金主义演讲上努力振作精神。但我的目标并不是让你或者你的女儿因为隔离在购物之外而感觉糟糕，也不是让你因为自己对一部很酷的新手机或心动的包包的渴望而感到愧疚。不要害怕：我的确不会放弃偶尔来一次大血拼。我并不是说，购物和花钱全都是不好的。我想说的是，为了自己和我们的女儿着想，我们应该花一分钟来深入地思考，什么促使我们消费，什么影响了我们对于金钱的态度。

想要一款设计师手袋是完全OK的，可是让我们来打开它……

名牌带来安全感

当我还是个少女时，女孩们试着将自己和老一代区分开来。这是现在的青春期少女的生活与我们当初不一样的地方：现在两个女孩可能会在特卖场中争抢同一款手袋。母亲和女儿可能会互相借对方的皮带来用。还有一些对我们的母亲来说完全难以想象的事情：女儿可能偶尔会留意你身上的时尚点。

越来越多地，年轻女孩渴望穿戴设计师品牌和各种名牌——这些东西曾经只与阅读*Vogue*的成年女性有关。同时，更多成年女性也对同样的热门设计师趋之若鹜。过去，普通女性可能都不知道Manolo或是Christian Louboutin这些牌子，但是今天，她和她的女儿都对奢侈品如数家珍。母亲和女儿的时尚观的分界线变得模糊，她们所渴望的物品有所重叠。

我的妈妈也喜欢时尚，而且比我还要更早知道许多新的风格……我经常借妈妈的衣服，我也咨询她对我穿衣服的建议。我喜欢和妈妈一起去购物，就像喜欢和朋友一起一样，因为我们在服装方面有非常相似的品位，喜欢去同样的商店购物，热爱同样的品牌。

帕里斯，14岁

　　买某些特定的衣服、鞋子、手袋、电话等等物品对我来说非常重要——我妈妈非常理解我的心理。因为这一点，我非常爱她。我喜欢和妈妈一起购物，因为我喜欢和她一起消磨时间！

芮妮，15岁

　　我和妈妈在时尚方面品位相似，这让购物变得更有乐趣，因为在少有的我们一同去购物的时候，我们会去同一家商场。

玛迪，16岁

　　对于青春期少女来说，她们追求的是看起来成熟老练，而对于我们，则力求看上去显得年轻。衣服、鞋子、化妆品、护肤品、护发产品、太阳眼镜和闪闪发亮的饰品——很多少女用一大堆产品来营造一个更加成熟、世俗的形象。同样也是用这些产品（外加一款抗皱精华），我们做的事恰恰相反：我们致力于看上去更年轻、时髦。许多少女想要自己看上去是二十多岁，有能力，有智慧，无所不知，性感，富有。她们中许多人的母亲同样也追求这种效果。营造这种形象的代价并不便宜。至少，看起来似乎要花去一个明星的薪水才能做得到。

　　萝丝，一个我在工作中认识的13岁的天生丽质的女孩，她告诉我，每天早上她只需花费一个多小时就能准备好出门上学了。

"我洗个澡，然后化妆，吹干头发，再将头发拉直……我涂上睫毛膏、眼线、唇膏，在脸上和腿上搽上滋润乳液，我的眼影闪闪发亮——就好像今天是个要出席大场合的日子——还有防臭剂和身体喷雾。我从7年级时就开始这么做了，当时我12岁。"在她告诉我这些的时候，我震惊了。萝丝出门前的程序就好像战士要上战场打仗一样：一片一片地穿上她的铠甲，直到她感到自己足够强壮有力，做好准备出去面对战争。很多成年女性也同样在每天的开端进行类似的程序。这些事情让女孩和女人都感觉自己很强大，能够控制住局面。《欲望都市》里的女性通过鞋子和手袋来显示她们的威望、力量和性感，或许那也是我们中的许多人正在试图去做的事情。女人和女孩都在武装自己，表面上显示出自己的独立、力量和一种"不要招惹我"的态度。

市场人员充分利用了青春期少女渴望独立的心理，为他们的产品注入了"女孩魅力"的元素。在向女孩（以及成年女性）销售产品的过程中，由于这个词汇使用频率过高，以至于它已经变得没什么意义了。澳大利亚化妆品专家拿破仑·佩尔迪斯用"女孩魅力"的概念来销售一支唇彩。显然，这意味着"在唇彩中蕴含着女孩最终极的魅力"。还有一整个品牌，女孩魅力美容品，销售青少年的护肤和护发产品。一件可爱的小T恤上，印着巨大闪亮的超模嘴唇，在胸前横着一行字："女孩魅力"，对此你感觉怎么样？它已经能在网上买到了。

市场人员和百货公司喜欢我们对某些手袋和鞋子一视同仁，或者注重外在形象，比如希望看上去是时尚达人，年轻时髦，又不失女性魅力、独立又幸福。但是，所有那些在过去年代中努力为两性平等而战的女性并不会做这些事，于是，如今我们新的信条是："我是一个女人，看，我在购物。"当然，我们想要女性获得平等报酬的真正原因并不仅仅是简单的能买到更多东西，特别是美容用品。正如珍妮弗·汤姆森在她的英国博客"F world"中写到的："'女孩力量'是女权主义，但它是在市场、完美照片和精确数量上的女权主义。"她写到了最早的女孩魅力团体——辣妹组合，她们的成功显示出，我们与市场密不可分的文化喜欢"把人变成物品。发明了Baby、Sporty等等，让人将价值都抛诸脑后。"维多利亚·贝克汉姆和她的丈夫大卫·贝克汉姆则体现了这一点。随意翻开一本时尚杂志，你会看到他们正凝视着你，推荐你买香水、内衣、鞋子、衣服。"高贵辣妹"是最早代表女性主义的时尚偶像之一，她和贝克汉姆一样，成为了活生生的品牌。

对于女孩和女性而言，市场信息非常有诱惑力，因为我们看到的图片充斥着富有、知名、从头到脚包装在品牌标签背后显得十分有魅力的各类产品。似乎我们只要买了这些东西，就能变得更有魅力。厂商向世界承诺，我们会有声望和地位，并且富有魅力，会被他人认真对待。但是真正的女性魅力并不是通过购买这些产品就能得到的。身外之物不能让人变得更有魅力。实际上，我认为大家心里都清楚，衣服、首饰和最新款的手机不会真正让我们感到开心和有控制力。只有我们自己才有能力做到那些。

坚持，融入群体

青春期少女感到一种对于探索自我个性以及身份的强烈需求。她们想成为独立个体，有自己的风格和形象。但同时，没有哪个女孩想被排除在外，或者被别人说她不够酷、不了解当下潮流。她们想成为团体的一部分，有一种发自内心的合理需求——融入朋友和同龄人的圈子。你也许记得独自度过的高中时代。如果你永远紧跟最新时尚潮流，变成时尚的奴隶，你看上去就过度用力了；另外一方面，如果你穿错了鞋子，你则又有被女孩世界驱逐出去的风险。

向我们的孩子出售产品的人对青少年中所存在的这个永恒的矛盾命题心知肚明。拥有正确的品牌和产品，并且将这些组合成自己的风格，是青春期少女行走在被接受和被驱逐的刀锋上的方式。追逐某个品牌能够让女孩们与团体——其他同样被这个品牌所吸引的孩子构成的团体产生联系——一个女孩展示出的品牌和产品就像是一个社会密码，显示出这个女孩是什么样的人，以及她属于哪个团体。比方说，一件拉尔夫·劳伦上衣、蒂凡尼的美丽手镯以及博柏利的包都能发出属于自己的信号。而Vans的球鞋、Roxy的工装裤、Billabong的T恤衫——又完全是另外一种信号了。在女孩们购物的时候，服饰带来的社会影响的重要性清晰可见：她们喜欢成群结队地去购物。当一个女孩拿起一件商品，对朋友说"你觉得怎么样"的时候，她正在试探自己的品位，看看是不是与她的朋友一致。

在我们充斥着市场主义的文化中，拥有商品的数量是女孩用来互相比拼的一项因素：除了女孩的美貌和受欢迎程度之外，我们现在还要加上时尚度和拥有的名牌数量。美国作家爱丽莎·夸特调查了青少年的购物世界，写出一本令人大开眼界的书：《品牌化：青少年的购买和销售》（*Branded: The Buying and Selling of Teenagers*）。她在研究中注意到，拥有名牌产品最多的女孩最容易拼命努力去适应那些女孩间用来评价彼此的标准：她们对自己感到难为情，或者觉得自己不像别人那么有魅力。"当许多青少年都浑身披挂着名牌时"，她写道，"对品牌最痴迷的那些人会感到一种不满足，这种不足只有用更高级的品牌才能弥补，并且这样才能保证自己的社交圈子不受到破坏。"

在初二至高一阶段的社交舞会上，孩子们对于穿戴名牌的狂热已经到了一种歇斯底里的状态。一个女孩列出她参加晚会所需物品的清单，其吹毛求疵程度相当于一个挑剔的准新娘：正确的设计师的裙子（事实上，是两条裙子：一条用于正式场合，另一条则是为参加派对而准备）、首饰、手袋和鞋子、专业打造的发型和妆容，给皮肤做个美黑、除毛、抛光，当然还得有把她送到活动地点的撑足面子的交通工具——悍马无疑是最佳选择。全部花费超过一千美元。

家长们通常都不会介意为孩子生命中的一个完美夜晚买单，一些母亲甚至和女儿一样激动和兴奋。当我们中的大多数人还在上学的时候，舞会并不是一件大事，如果有哪个女孩穿了一条名牌裙子，我们很可能都注意不到这一点。由于无法亲自参加热闹的舞会，许多母亲都很乐意为女儿大笔投资，这样她们就能从女儿身上间接体会到那种欢乐。这种做法只会为女孩们之间的攀比火上浇油。在一所高中，一个女孩向我炫耀，说她的母亲专门带她飞到巴黎去买舞会上穿的裙子。更令我无语的是，接下来她透露说这也有不好的一面：因为这是一个巴黎品牌，只有狂热的时装精才会知道这件衣服的设计师是谁，所以她不得不费心向其他女孩解释自己的裙子是多么有品位，声望是多么崇高。

如果她们把考虑舞会之夜想要怎样打扮的那份精力用在别的事情上，想想这些女孩能成就多少事——她们没准能照亮一个大城市。一个位于悉尼的舞会策划公司"舞会之夜"的代理董事长说："如果你问年龄在15至18岁的青少年，什么对她们来说是最重要的，在她们心中，舞会的重要性绝对不亚于期末考试，如果没有什么别的更重要的事情的话。"

孩子们觉得各种商品能帮助她们带来自尊、身份和社交上的成功，这一点已经被研究证明了。一项研究中，62%的12至13岁的青少年表示"买某些商品让她们自我感觉更加良好"。她们中有超过一半的人都对买某些特别的衣服或者CD感到压力，因为她们的朋友已经在她们之前买到了这些。在某种程度上说，市场人员和广告商向青春期少女出售的并不是手袋、化妆品和手机，而是关于友谊的承诺和归属感。

当你观察品牌营销的方式，会发现公司会围绕品牌营造一种完整的生活方式，从而制定自己的策略。时尚设计师品牌并不只包括服饰，还涵盖了手袋、钱包、鞋子、太阳镜、手表、耳环、吊坠、戒指、运动装备、钥匙圈、手机装饰品、香水、香体剂、空气清新剂、家用软件等你能想到的一切领域。它们的电视广告形象都是美丽、性感、看起来心满意足的年轻人，她们在外面一边走着一边大笑着（或者她们充满时尚感地皱着眉，这要依不同品牌而定），看到最后你就会充满好奇，"等等，她们卖的是什么东西？"出售的不仅是商品，更是一种感觉。女孩和成年女性都被鼓动着去感受一种积极情绪——或许是一种找到归属的感觉——当她们看到品牌标签的时候。其实这个贴着名牌标签的手袋与同样摆在商店里的其他手袋相比，并没有多么大的差别。它们起的是同样的作用：装你的各种物品。是它承载的情绪、生活方式以及品牌带来的身份感让人们执着于某些特定的手袋。

如果一个公司能够早早抓住一个青春期少女的心，让她自己以及她的生活方式与这个品牌建立联系，那么这个公司就会拥有一个朋友——噢，也是顾客——一辈子。正如爱丽莎·夸特写到的："青少年觉得商品是她们的朋友——所以出售这些商品的公司都是值得信任的伙伴。"市场人员公开承认，推广一个品牌就是要给消费者一种积极的情绪感受，不仅得让她们感到自己与品牌是密不可分的，更要让她们离不开这个品牌所代表的整个生活方式和社交团体。曾经，你买一个名牌产品是因为它的质量能够得到保证。但现在，这发生了变化。根据尼尔森公司的全球调查，今天购买产品的原因是品牌所代表的"生活图景"。

明星代言在商品销售上扮演了重要角色，因为粉丝想和她们最喜欢的明星拥有同样的风格。明星让品牌也变成了明星，相应地，一个购买了这个品牌的人也会感觉自己有点儿像明星了。当我问青春期少女们，她们理想中的工作是什么时，相当多人都回答说"明星造型师"，或许在她们错误的观念中，这个职业等同于"明星最好的朋友"。她们幻想着，以后的每一天，办公室里都充满这样的对话：

"你穿那条裙子真是太性感了。"

"接下来，让我们试试普拉达，怎么样？"

"你想去喝一杯拿铁吗？"

越来越多的女孩开始把时尚偶像当成自己的模仿对象。例如，"她是我的偶像，我喜欢她的风格，"一个女孩可能会这样形容莎拉·杰西卡·帕克或是杰西卡·阿尔芭。

相反，那些通过代言赚得盆满钵满的明星们每天穿着名牌衣服，却极少为它们买单。她们浑身披挂着由时装公司和赞助商提供的各类服饰，因为后者十分清楚，他们的慷慨赞助最后都会转化为销售数字。大牌最主要的利润来源并不是那些高级定制服饰，而是来自于向普通的女孩、女人出售的美梦——她们不惜在香水或者内衣上花费更多的钱，只因为那上面挂着名牌标签。

我不会说拥有设计师品牌是一件非常重要的事情，因为没人会真正知道那到底是不是著名设计师的设计——但是，我也不想撒谎，我热爱我的设计师品牌。我觉得这种衣服的质量更好，而且许多设计师都有自己很酷的风格。比如说凯伦·沃克就有一些绝妙的衣服，我费尽心思四处寻找哪里能以稍微低一些的价格买到它们。

曾经，我看到很多明星的照片，发现她们都拿着某种手机，于是我情不自禁也想要拥有一款相同的手机。那款手机很棒，价格昂贵，但与我手机网络不兼容，可是自从一大批明星都使用它之后，我开始觉得那很酷。人们看到某件物品在明星身上出现……会突然觉得那要比她们在橱窗里看到的要好上一千倍……是穿着或者拿着它的人让人们想拥有它。

帕里斯，14岁

虽然人们常说"内在美才是最重要的"，我依然觉得，让别人知道自己拥有最新款的衣服（或者其他东西）是件很美好的事——虽然，如果我没有"紧跟最新潮流"，我也不会感到沮丧，因为我喜欢自己成为一个独特的人。

芮妮，15岁

妈妈和爸爸没有意识到的是，就算我们自己很开心，但是作为女孩，如果我们没有拥有新款的衣服，也会觉得无法融入群体，无所适从。

玛迪，16岁

名牌的价值是什么？

　　我在各地旅行，见到了各种不同社会阶层的女孩。我发现，来自富裕家庭的女孩反倒是对名牌最不感兴趣的。事实上，她们更喜欢寻找一些很酷的小店，来增强自己穿着风格的独特性。这是因为，这些女孩已经处在社会的高阶层，不需要再去向同龄人证明些什么了。感到压力最大的是那些可支配收入最低的人。具有讽刺性的是，偏偏收入最无法承受奢侈品的那些女孩构成了对于品牌商品最强大的需求。一个好的品牌对于她们自我价值的实现有格外重要的作用。

　　为了融入群体之中，她们需要不断购买名牌，这让她们感到持续性的压力。同时，时装公司也把重点放在并不富裕的那些人身上，这并不公平。作为成年人，大多数人都在某些时刻经历过那种焦虑状态。我们感到那种"想跟邻居比阔气"的压力。一些青春期少女也有同样感受，她们与自己的父母一样，担心钱够不够，以及要如何维持自己的社交地位。应对这种焦虑的办法是什么？根据市场人员和广告商的说法，似乎解决方案应该是去购买更多的名牌商品。

　　如果一个女孩的消费水平不足以承担那些据说会让她更有魅力、更性感和"有价值"的名牌，她会怎么做呢？我见过无数青春期少女省吃俭用，甚至连生活必需品都不买，攒下每一分钱来购买某件名牌。或许这种用名牌实现自我价值的渴望也是市面上各类模仿名牌的山寨款激增的部分原因。每个人都想买到自己梦想中的物品，而这是一些人实现它的唯一方式。当大公司都在痛斥假货的罪恶时，我并不同情它们，因为毕竟是这些公司自己令消费者产生了虚荣心。也可以说，这些公司成为了自己市场策略的牺牲品。

　　更令人担忧的是，一些女孩和成年女性为了得到想要的设计师品牌，愿意付出任何代价。为了获得那些她们买不起的奢侈品，偷窃变成一种具有诱惑力的方式，而出卖自己的身体则是另外一种方法。在一定程度上，女孩们认为后者更能令她们接受。当一个男人用贵重礼物向女人发动攻势，他一定能够得手，家人和朋友也都会怂恿这个幸运的女人赶紧把他紧紧抓住。如果她和他订婚了，身边的女性朋友说的第一句话肯定是"让我看看你的钻戒"！仿佛她的价值是由钻石的克拉数来衡量的。这些事例看起来似乎是无害的，但是，在青春期少女身上发生的例子非常真实，令人忧心，与它如出一辙：青春期少女开始给男孩压力，让男方承诺给她们购买名牌手袋和鞋子。

在名牌之外

　　一些青春期少女尤其渴望无形的东西——一种归属感，被羡慕、被接受的感觉，与别人产生联系的感觉——是著名品牌和百货商场都承诺能够提供的，不仅仅包括外套、香水和Ipod。或许，很多母亲也同样在追逐这些东西。

　　当我们去购物的时候，我们和女儿都真的在寻求归属感、社会感以及无法在日常生活中找到的自我价值吗？我们为自己全副武装，是因为觉得自己没有存在感吗？

　　广告商和市场人员所承诺的——只要购买产品就能带来更美好的生活——都只是幻想而已。正如很多女性那样，你可能有这样一段回忆：在旅行中，你来到购物中心血拼，希望得到精神上的"治疗"，然后你回到家，依然感到难以名状的空虚。那是你内心的声音在告诉你，购物只能满足一部分的需要。那些更深层次的感觉——与他人的联系、自我价值感，则需要从更加真实和长久的东西中去寻求。大多数时候，购物时我们心里相信买东西会让自己更高兴。但是，有证据表明，我们购买越来越多商品所造成的压力最后还是会让我们不开心。正如电影《绿野仙踪》中，女主角桃乐丝的朋友们发现，巫术都是烟雾和镜子，她们需要审视自己的内心，寻找她们渴望的品质——智慧、情感和勇气——我们需要透过广告商和市场人员营造的迷雾，找到让自己真正开心、完整的真相。

　　作为家长，在给孩子买东西的时候，我们可能会感到额外的压力，因为她们对某些商品的渴望是那样迫切。特别是当她们还小，不能工作挣钱或者她们想要一个很昂贵的东西时，女孩们会用最让人心软的方式来乞求得到想要的东西："想要——就是真的真的很想要，现在就要。"而区分什么是青春期少女真正需要的，什么仅是她们想要的，十分困难。因为我们知道，对于女孩而言，归属感——她们很"in"，而不是"out"——无比重要。这是一个只有你才能做出的判断，只有你最了解女儿。还有一点应该考虑的是，当广告商和市场人员尝试告诉你，他们的产品能满足你所有需求时，你女儿的最基本的需要——为她长大成人做铺垫的那些需要——并无法在商店中得到满足。自尊、道德、价值和态度——这些都是在家里培养的品质，所以同时给予影响和限制的家庭教育方式，要比拥有一个足够给女儿买任何她想要的东西的银行账户重要得多。

　　这个领域的一些研究者相信，公司利用了青春期女孩认为自己家庭生活过于空虚的心理，因为她们的家长总是在外工作（这样他们才能承受家庭的各项开销！）。商人更容易虏获那些缺少健全家庭的青春期少女的心，因为她会寻找别的地方来扎根。难怪后来与我交流的女孩们说，她们最喜欢与妈妈一起出门购物的原因之一就是这样她们就能在一起相处了。16岁的史蒂芬说出了许多女孩的心声，"我和妈妈一起购物并没有那么频繁，差不多每月一次，但是当我们一起购物的时候，感觉很不错，因为我们都能弥补一些东西。"和你的女儿一起购物，分享时尚观点，是一个很棒并且有乐趣的与女儿保持亲密的方式。要知道，即使你不能给她买所有新款商品，但你能够给女儿更重要的东西，而这些都是她从商店里买不到的。

男人不是经济计划的一部分

拜金主义，毫无疑问，是多年来社会文化的一个显著特征，如果没有新的概念来代替它的话。所以，经济计划是至关重要的。全球性的信贷紧缩状况为我们的理财能力敲响了警钟。由于人口老龄化加剧，可以预见，当我们的女儿到了退休年龄，政府将无法继续维持像今天这个水平的养老金制度。这意味着，与以往任何时候相比，我们都更应该对女儿进行良好的理财教育。很多青春期少女成年之后，并不懂个人理财，反而背了一身债务。2007年澳大利亚破产的人中，有10%的年龄仅有15至24岁。在为了防止破产而签订债务合同的人中，这个年龄群体则占了20%。

许多背负债务的年轻人都对此感到巨大压力。其中压力最大的是那些需要给信用卡公司还钱的人：在2007年YouthSCAN进行的调查中，几乎一半年轻人都表示对此十分焦虑。手机账单紧随其后，也成为青少年一大经济压力来源。新南威尔士政府公平贸易部门的发言人说，金融服务机构建议"很多十几岁至二十出头的年轻人应该申请破产，因为他们在额外收费的手机服务上已经花费了上千美元"。手机服务的费用——下载应用、铃声、为电视节目投票、互相竞争——在你意识到之前，就会如滚雪球一般迅速增长。手机真正的花销却总是埋藏在模糊不清的单据中，字体小得像蚂蚁。

导致这种情况的原因是，公司通过玩弄青春期少女不安定的心理，向她们出售额外收费的手机项目。翻到少女杂志的封底，你会发现各式各样的手机壁纸广告，壁纸中最多的主题是"难道你不希望女朋友像我一样火辣吗"？你的女儿可以下载一幅手机壁纸，画面中是电影《聚散离合》（*Home and Away*）中的壮汉，或者是一个不知名的年轻男人，上身裸露，穿着被扯裂的裤子。还有一些即时聊天工具的广告，让她有机会与成百上千的男人聊天和调情。然后，当她感到自己面临着无法承受的巨大压力，迫切地想变得火辣性感的时候，她会通过聊天工具咨询一个"国际知名、保证结果99.9%准确"的"爱情巫女"，这样她就能更清楚地看到未来。

这里我们用能掌控的最新技术来循环再生那些关于什么是女孩未来的幸福的陈旧观念：热辣、性感，然后找个好男人。另外一个顽固观念是，女孩不需要担心她将来的经济状况，因为一个穿着闪闪发光的盔甲的骑士有一天会来到她身边，他有足够的钱来还贷款，保证一个舒适的退休生活。尽管现在男女平等已经取得了长足的进步，依然有不少女孩——当然也有不少成年女性——坚持这个梦想。太多青春期少女告诉我说，她们毕业之后做什么工作都无所谓，因为她们"最后无论如何会嫁个有钱的男人"。

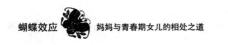
真相是，我们的小女孩们长大之后需要成为经济独立的女性。

我要向所有年轻女性强调经济独立的重要性。就如我对自己的女儿露西说过的那样，男人并不是一个经济计划！

伊莉莎白·布罗德里克，反性别歧视、反年龄歧视委员会委员

我建了两个储蓄账户，这样我日常开销的一半来自其中一个账户，另一半来自另一个账户。一个账户用来负责诸如与朋友去看电影、买衣服、食物等等开销；另外一个账户是冻结的，这样我无法从里面取出一分钱，除非我真的去银行柜台办理，这个账户里的钱是为了我将来可能产生的开销而设置的。

我的朋友也设置了两个账户，我觉得这是一个好主意，所以我问了父母，他们也允许我这样做。

斯蒂芬，16岁

我的确在为了将来而存钱，我认为这是很重要的，这样你就有一些资本，如果发生了紧急事件，就不会措手不及。在我两岁的时候，父母就为我建立了账户。因此，我和它一同长大，把我整个人生都存储起来。

芮妮，15岁

行动计划

将手机计划最大化

手机是最容易让青少年债台高筑的东西，对于许多女孩而言，手机几乎成了她们的另一只手。青春期少女需要与朋友交谈，表达自我，所以如果强制她们停止使用手机，只会让她们产生逆反心理。但是，聪明地选择合适的手机方案能够有效帮助控制她的手机花销。你也许记得那个13岁加利福尼亚女孩的故事，她在一个月之内发送了14528条手机短信，最后手机账单长达440页。她发短信的频率——在醒着的时间里平均每两分钟发送一条短信——完全能够高居榜首，但至少她的父母给了她一个正确的计划——一个允许无限发送短信的计划！用移动通信服务提供商的计划来为女儿打算——就从现在开始，这才是明智之举。设定一些限制同样也是明智的。女孩的父母设立了一条新规则：晚饭之后就不许发短信了。

削减信用卡

对于你的女儿来说，在小小年纪就拥有一张信用卡，可能会是一个可怕的负担，因为她也许需要很多年才能赚到足够的薪水，来把自己从债务的深渊中拯救出来。与为将来而储蓄相反，她可能一直都在为时尚和自己的衣橱付账单。有些家长选择联合签署的方式，这样他们的孩子就能有一张信用卡了。在你做出这种决定之前，请慎重考虑，因为如果你的女儿无法偿还，你将会为信用卡债务承担责任。

有人认为，让孩子使用信用卡是一种教她们关于经济责任感的方式，但我相信，在这个年纪，一个远远比这更重要的需要掌握的经济技能是学会如何储蓄。树立一个正确使用信用卡的好榜样是你能做的最好的事情。如果你的钱包里有太多的卡，你偶尔会在半夜醒来，思索自己该怎样才能将它们一一付清，那就是重新考虑自己的储蓄和花销计划的时候了。在每个州都有免费的金融咨询服务，能够帮助你更好地掌控自己的经济状况。澳大利亚证券和投资委员会在这个网址www.fido.asic.gov.au上列出了它们的名单。

鼓励储蓄

如果你还没有为女儿设立一个储蓄账户，那么现在正是时候。向她透露复利的奇妙之处：通过储蓄账户中的存款，她能够获得利息，也就是说，她甚至不用动一下手指就能赚到钱。如果她把自己仅仅一小部分的零花钱或者薪水有规律地存入银行账户，复利也会积累得更加迅速。

对反复纠缠说NO

公司都知道，它们最容易掌握的销售工具就是不断重复；通过广告和其他市场策略它们积极鼓励孩子们去不断重复——市场营销人员将这种行为称作"儿童消费力"。你也许多年来都面临着自己拒绝接受的这种营销模式在不断发展壮大而带来的冲击……最后当自己无法承受的时候，只能选择放弃抵抗。但这只会加强孩子们对这种重复销售策略的依赖程度。

每次在购买某件商品之前，请先衡量清楚它对自己女儿的重要程度。如果你确信这不是她需要的商品，或者你无法承受它的价格，那就坚持住自己的原则。同时，你可以给女儿另外一些替代性的选择，比如：你支付一部分账单，女儿从零花钱或者兼职薪水中支付账单剩下的部分；帮助她建立一个储蓄计划，这样她可以努力试着自己承担购买这件商品的花费；或者让她做一些额外的家务活，直到她赚到足够的钱来购买它。如果重复策略对你的孩子不再有影响力了——也就意味着，你不再对它妥协——也许她也可以开始以平和的心态看待无处不在的重复营销了，这对整个家庭而言无疑也是一种放松。

鼓励有选择的购物

下次你和女儿一起出门购物的时候，记得除了去大型商场之外，也要去当地的一些小型场所（比如Vinnes和Lifeline）看看能否搜罗一些复古的玩意儿。淘宝的过程很有乐趣，特别是当你发现一个真正时髦的单品的时候，而且它的价格又那么划算。这是一个让女儿给自己的形象打上个人风格烙印的好办法，也是对"全身挂满各种名牌"趋势的一种反抗。复古风格同样能够得到资深时尚人士的赞许。

同样，也要坚持自己独特的个人风格。你并不需要在买东西之前总是先征询别人的意见。如果在拿起一件商品时，你的女儿摇摇头，也别立即将它放下。如果你真的喜欢它，想要穿着它，那就将它买下，这会让女儿知道，就算她行动前没有事先征求同伴的认可，天也不会塌下来。

赞美给予

女孩们天生并不物质和拜金，拜金是由于她们吸收了周围文化中所包含的某些讯息而产生的。事实上，对于那些并不希望像其他女孩或是成年人期待的那样去拥有那么多东西的女孩来说，她们不得不为了符合身边每个人对她的购物期待而不断努力，这带来的压力非常沉重。这种情况经常发生在大规模送礼物的时期，比如她的生日，还有圣诞节。

　　我曾经遇到一个很棒的女孩，她对自己14岁生日的到来感到非常焦虑。永远都有人在问她"你想要什么礼物"？对此，她无言以对。她并不希望举办一个大型生日派对，然后在派对上逐个拆开所有礼物（她觉得自己并不需要这些礼物）。在发现女儿的压力之后，妈妈问她什么才能让她在生日时感到真正的快乐？女孩决定，不需要朋友们送她生日礼物，她想让朋友们给狗带去一些礼物。在她生日那天，她开心地打开包装精美的狗玩具和狗粮，和几个朋友一起去了当地的流浪狗收容所，把这些东西送给狗狗们。她和朋友都一致认为这是她们有史以来最喜欢的一个生日派对。

　　这是一位聪明的母亲，她敏锐地意识到什么才能让女儿感兴趣。一个与狗有关的生日派对也许并不完全合你女儿的口味，但是正如这个故事所展现的，你可以在赠送礼物的策略上更有创造力一些。聆听女儿给你的暗示，你也许会发现新的方式来庆祝女儿生命中的每一块里程碑，给她留下比物质礼物更加持久的珍贵记忆。

感激一切金钱能买到的东西

　　我相信，女孩们都有强烈的社会正义感，并且急切地想担负起社会责任，照顾他人。正如那个想要在生日当天照顾流浪狗的女孩一样，许多女孩也在等待给予他人和与人分享的机会。我告诉女孩们，想要赚钱并没有错，因为有了钱，你就能帮助改变世界。有时候，在工作中，对于班里的很多女孩，我通过以她们的

名义向世界展望组织捐款的方式来强调这一点。这些钱——不到
30美元——能够为第三世界国家的孩子提供疫苗，保护他们远离
可能导致死亡的疾病。当她们意识到，这一笔金额很小的钱，以
她们的名义捐出，能够真正挽救他人生命的时候，我看到这些女
孩的脑海中有一个开关被启动了。

通过捐赠或者做一些对你和女儿来说有意义的志愿者工作，
你有许多机会来帮助他人。关键在于，不要说教或者强迫女儿做
这些事情，但是一定要让她有这种意识，并且允许她自己决定要
帮助的对象以及所采用的方式。

感激所有金钱买不到的东西

在生活中还有一些远远比标签上的价格更有价值的东西值得
铭记，你和女儿可以试试这些小练习，它是受到了这个竞赛的启
发：孩子们需要上交一篇小短文或是一幅图画，主题是"我真正
想要的那些金钱买不到的东西"。孩子们的答案非常引人注目，
比如获胜者的短文这样写道：

> 我真正想要的金钱买不到的东西是无条件的爱……我的父母
> 爱我，给我买很多东西。但是最能让我感受到他们的爱的是在他
> 们聆听我的时候。物质固然很好，但是我真正想要的是与他们相
> 处的时间。我的朋友们真正想要的是他们的父母花时间与他们相
> 处。也许是一起散步、谈心；也许是一起骑自行车，进行一场关
> 于金钱的讨论。如果你对我微笑，和我一起做一些事情，我会知

道你爱我。

艾瑞卡，14岁

　　试着写下你自己的答案。你和你的女儿可能都会对这个答案所透露出的讯息而感到惊讶。

请牢记

我自己的价值要比任何名牌都大。

我可以自由地发展自己的个人风格。

第七章

愤怒和绝望：处于危机中的女孩

帮助处于危机中的青春期女孩就是要修复我们与她们原本支离破碎的关系。

就是这么难以置信的简单。

玛莎·B·施特劳斯，

《危机中的青春期女孩》

艾比盖尔是一个让她的妈妈莉头疼的孩子（人物姓名均为化

名）。但是等到她九年级的时候，真正的危机出现了。14岁时，艾比远远比其他同龄女孩更任性，对父母也非常无礼。一直努力应付生活、愤怒和不快乐的她到达了危机关头。她试图通过过量服用扑热息痛来自杀，然后被送进了医院。从那时起，莉说："我们的女儿一直在不断滑向一个黑洞，滑得越来越远，我们已经够不到她了。"

艾比盖尔在10年级结束后离开学校，去了一所商业专科学校，现在她18岁了，在一个办公室工作。"经历过这一切之后，她还能找到一个好工作，真是不可思议。"莉说道。善于在同事和莉带她去见的各种医生面前掩饰自己的痛苦，艾比"非常擅长伪装在她生活中真正发生的事情，只有家人知道她的生活是多么混乱。她总能成功地让别人相信自己一切都很好"。但其实她并不好。她觉得自己很丑陋，一文不值，她在饭后给自己催吐，告诉父母自己想去死，并且通过用刀片自残的方式来释放自己的情绪。

艾比盖尔和她的家庭是所有家长最害怕发生的情况的活生生的样本——他们孩子的青春期变成一片令人恐惧的黑暗。每当想起我们的女儿正在面临的黑暗时期，母亲们都会一样感到痛心。不能否认，对于一些女孩来说，青春期不仅仅意味着一个变化和成长的时期，更是许多严重的、甚至有生命威胁的问题的高发期。

如果你的女儿仅有的念头就是想要伤害自己、绝食或者让自己消失，你觉得这些念头让你无法承受，其实你并不是唯一有这种感受的人。青春期女孩的种种问题、问题的原因和解决方法都太过复杂，看起来让人难以抵挡。为了让一切更清楚有条理、消除恐惧，我们首先需要一个安全的、可以提供支持的场所。这就是我希望在这一章中提供的：找一个让你感到适应的地方来作为起点——减少焦虑，更有准备，更有希望。我将审视饮食失调、自残、抑郁、自杀和虐待问题。这个清单并没有穷尽地列举出你和你的女儿可能面对的全部挑战，但我希望这是关于影响女孩和成年女性的各种危机的有用样本。

莉有一个关于她女儿未来的愿望，很可能引起任何一位母亲的共鸣，不论她的女儿是否正处于危机之中："我真正想要的是坦诚，享受与艾比在一起的时间，让她享受属于她自己的生活。"我并没有灵丹妙药来神奇治愈那些有厌食症、抑郁或者其他这类严重问题的女孩，也没有疫苗来预防你的女儿在未来遭遇这些。但是通过加强女儿和你、和家庭其他成员、和她的朋友、社团以及学校之间的联系，你会给她最佳机会。

为什么女孩们身处危机之中？

　　女孩在家、学校，和朋友在一起，以及身处社会之中，这些都会各自以独特的方式影响她的生活。在我们的文化中有一些潜在因素让越来越多的女孩处境危险，超过以往的任何时候。受人尊敬的临床医学家和作家玛莎·B·施特劳斯做出了最佳描述，她说，女孩们"身处愤怒和绝望的危机中"。我相信，关注和理解这种绝望和愤怒，是治愈这一代青春期少女应迈出的第一步。

　　成为社会的一分子意味着面临特定的他人给予的期望；周围的青春期少女开始更充分地意识到为了完成这种期望而带来的巨大压力，这些期望甚至在她们出生前就已经规划好了。女孩们知道，如果她们符合人们理想中的样子，就会得到赞赏，被大众接受：在真正成为成熟女性之前，她们应该先有女人该有的样子。对于那些刚刚开始独立，开始掌控自己才华的青春期女孩而言，关于女性的期望狭隘得令人沮丧：漂亮、苗条、有魅力、友好、随和、无私、照顾他人，宽厚仁慈。这些品质都没有错。但是问题出现了：青春期女孩感到做出这种举动很有压力，因为这需要抛弃她们体内更"男性化"的品质，比如自信、领导力、勇气、身体的力量、竞争力、野心和清楚的头脑。女孩们很难忽略周围人、学校和关于怎样成为理想女孩或者女人的流行文化所传递出的讯息。因为不管怎样努力也无法达到人们眼中理想女孩的标准，所以很多女孩开始因为自己的"不合格"而讨厌自己。很多女性在成年之后依然继续着这种自我厌恶。

试着达到关于她们应该成为怎样的人的期望，青春期女孩可能需要让自己驯服，磨平棱角。她们知道如果自己表达出愤怒，就会让别人感到非常扫兴，因为有女人样的好女孩是顺从随和的，而不是阴晴不定的。强忍怒气会导致女孩做出令人费解的行为。你的女儿表面上看起来是悲伤、快乐或者冷漠的，但也许她正在拼命把怒火压制在体内。女孩们强行咽下的怒火都上哪里去了呢？有时候，它逐渐变成了抑郁，女孩们也许会从药品和酒精中寻找宣泄出口。有时候，愤怒转化成为自我伤害：厌食症、暴食症、自残、自杀。类似的，女孩们也会变得谨小慎微，不敢全部袒露她们的才能，也不敢承认自己有诸如嫉妒、内疚、孤独、不安全感、悲伤、焦虑等等"坏情绪"。

尽管青春期逐渐被视作一个成长和发展的时期，这个时期也有失落的一个方面。你也许会为女儿还是个小孩的时光感到悲伤，为她如此迅速就长大而伤感，她也许同样在经历自己的失落感。对于你的女儿来说，向成年迈进意味着会获得许多很妙的东西，例如更多的独立，但这同样意味着放弃在她小时候与你那样亲密的关系，曾经的那些拥抱和依偎不知不觉已经消失了，还有她在青春期之前简单的、不知何为焦虑和苦恼的身体。

饮食失调

　　在饮食失调症中，神经性厌食症是指一个女孩突然大幅减少摄入的食物量；神经性贪食症是女孩放纵自己，吃大量高热量食物，然后再通过呕吐的方式将食物从身体里清除出去。由于感到愧疚和害臊，她也许会在放纵之后一连几天不吃东西。神经性贪食症会更有隐蔽性，因为一个神经性贪食症患者也许在体重上会接近平均水平，而同时一个厌食症的女孩会显而易见地变得面黄肌瘦。一个患有神经性贪食症八年的孩子告诉我："我现在的体重是正常水平，如果你在街上看到我，你根本不会想到我有饮食失调问题。"患有神经性厌食症或者神经性贪食症的女孩们会通过过度运动、吃泻药、吃减肥药或者利尿剂（通常用来减少身体内多余水分）的方式来最大限度地减少体重。

　　渐渐地，患有神经性厌食症或神经性贪食症的女孩对自己身体的看法开始扭曲。她很容易认为自己是丑陋的，就算她已经瘦到危险的程度，也许在照镜子的时候依然会认为自己超重太多。她也许觉得自己天生没用，是一个应该被惩罚的坏女孩。她醒着的时间全部围绕着食物、体重和外表，但她意识不到她的自我观念以及严苛的饮食规则都是不正常的。集中在这些事情上，对自己的身体加以严格控制，这也许是她应对复杂情绪的方式，也许是对生活其他方面缺乏控制感的反应。

与神经性厌食症和神经性贪食症相比，有一种较少受到媒体注意的饮食失调症，叫做暴食症。患有这种饮食失调症的女孩会吃大量食物，通常是偷偷地吃，吃完之后并不进行催吐。潜在的心理因素可能是羞耻感、内疚感、自我厌恶、抑郁和感情表达上的障碍。

所有饮食失调都会让女孩付出严重的健康代价。神经性厌食症和贪食症影响所有身体系统，从皮肤、头发、牙齿、指甲到所有身体组织和内部器官，特别是心脏和肾脏，可能会导致闭经和不孕不育，也有死于心脏病或者器官衰竭的个别案例。伴随暴食症而来的还有诸如心脏病、中风、糖尿病之类的健康风险。

患有神经性厌食症或者贪食症的女孩通常是完美主义者，她们将寻求帮助、战胜饮食失调症视作是精神软弱的表现。青春期女孩可能会坚持饮食失调，因为她相信这是唯一能够应对生活压力的方式。这意味着，如果你对患有饮食失调的女孩说"别这样了，振作起来"！只会让她觉得你并不理解她。她需要的是在青春期精神健康和饮食失调方面有经验的专家的关心和帮助。治疗方案包括多方面的内容。女孩也许需要和治疗师定期见面治疗。如果整个家庭也一起参与这个治疗过程，那么这种治疗更有可能帮到她。专家会开出抗抑郁剂和抗焦虑药物的处方，同时，非专科医生和营养学家也会参与治疗。

饮食失调症患者的自杀风险要高出平均水平37倍，还有其他诸如抑郁、焦虑、滥用药品、强烈的自残愿望或者性虐待等症状也并不少见。为了确保治疗的完全成功，所有以上问题都需要得到重视。

除了与各类媒体的全天候接触以及那些骨瘦如柴的模特和名人的广告图片之外，近几年还有一种令人困扰的趋势，那就是网络上出现了一些支持饮食失调的网站。这些网站包括一些支持语录和支持者，该团体在网上支持患有饮食失调而又不想治疗的人。这些网站是她们用来分享如何减掉更多体重和逃避治疗的各种心得的渠道，通常使用消瘦的成年女性和小女孩的图片来作为"瘦的激励"。这些网站造成的影响非常严重。一项研究显示，患有饮食失调的青少年在浏览了支持饮食失调的网站之后，96%的人学到了减轻体重的新技巧，她们要比没有浏览过这类网站的人花费更多时间才能痊愈。另一项研究显示，这些网站也会危害那些没有患饮食失调的人：当随意向一个女大学生展示支持饮食失调症的网站之后，她们的自尊心会降低，比之前更觉得自己超重，变得更专注于锻炼和减重。

但是饮食失调症最大的风险因素并不是接触令人震惊的网站或者骨瘦如柴的名人图片，而是一些女孩和成年女性总是不断鼓励彼此去尝试的事情：频繁且极端的节食。女孩们可能会和她的朋友们相互比赛，看谁先达到最低体重。"我们经常能见到一帮一起节食的女孩，当其他女孩后来慢慢恢复正常饮食之后，一两个处于团体核心的依然还在坚持节食"，新南威尔士大学的退休教授、儿童和青少年精神病专家布伦特·沃特斯医生说道。

家庭的态度与学校一样重要。对女儿说"你这样就已经很美了，来吧，把晚饭吃了"是不会起什么作用的，因为你自己就正在严格节食，而且还自豪地跟朋友们炫耀这一周你又减掉了几公斤。你有多少次听到别的女人说，或者其实就是你自己这样说"我多希望自己能患上厌食症啊，两个星期就够了"？这只是口头上的玩笑而已，但这句话里的精髓却被旁边的女儿完全领悟了。

我们无法将洪水般冲刷着女儿生活的各种瘦女孩图像彻底封锁在外。我们能够完全掌控的是我们所给出的例子、所提供的行为榜样。这意味着要留心我们说出的话语，采取健康、平衡的饮食方式，学会热爱自己的身体。

早期介入是治疗饮食失调的关键，这意味着首先需要认识到忍饥挨饿的节食方式并不是作为青春期女孩所应有的部分。饮食失调变得如此普遍，几乎能够想见一个女孩在某些时候总会显露出特别的征兆。沃特斯医生说："有一种旧观点认为青春期仅仅是一个困难的阶段，但是证据表明，恰恰相反，青春期并不是必须如此困难。饮食失调、自残——都标志着还有其他会导致这些行为的真正深层问题。这些疾病并不是成为成年人所必经的仪式。"

当我起初被确诊的时候，妈妈说，我"这么胖，怎么可能会有饮食失调症"，如果我减肥，我就不会有问题了。我想，妈妈的话并没有任何恶意，她当时只是不懂饮食失调的原理而已……

如果妈妈和我能重新再回到那个时候，我相信，我们能一起改变很多事情。第一件事就是让妈妈相信我，我许多年前就已经告诉过她我生病了。我认为很重要的是要理解没有人真正想患上饮食失调，所以如果你的青春期女儿承认她们正在与饮食习惯作斗争，或者她们觉得自己得了饮食失调症，那很可能是真的。

艾诺，19岁，患有神经性贪食症

饮食失调症预警信号

极度节食，比如彻底不吃某类食物或者不吃饭

过度饮食

体重减少或增加

对外表或体重过度关注

月经失调或者闭经

对寒冷非常敏感

衰弱，眩晕，疲乏

焦虑，抑郁，易怒或者情绪多变

疏远朋友和家人

对于为其他人准备食物持续增长的兴趣

饮食规则，比如在某些特定日子吃特定食物

穿宽松的衣服

过度锻炼

经常为不吃东西找各种借口

缓慢进食，重新安排盘子里的食物或者用其他方式来少吃东

西，比如用茶匙吃饭

　　迅速进食

　　在她的卧室囤积食物

　　储藏室的食物不断消失

　　在饭后频繁去洗手间

自残

自残是指一个女孩故意伤害自己，这通常是秘密进行的。自残有许多不同方式，包括刀割、火烧、咬或是在皮肤上烙印；用身体撞击或者打自己的头；把头发拔下来；扎或者拉扯自己的皮肤；或是戳旧伤口，让伤口再次绽开。

在一些案例中，自残是承受风险和表达叛逆的方式，甚至是进入某个圈子的方式。对于有些人来说，这是一种深层精神痛苦的体现，是一种应对巨大而痛苦的情感的方式。如果一个女孩觉得自己难以表达诸如愤怒、悲伤或是内疚之类的情绪，通过自残在身体上留下痕迹也许是她关于自我表达的最后绝望的尝试。一个被抑郁或是创伤变得麻木的女孩也许会进行自残来重新感知事物。这也同样是一种对于帮助的呼唤。一个女孩，不知道应该向谁寻求帮助或者怎样寻求帮助，也可能会用她受伤的身体来发送讯息。患有饮食失调症的女孩中也有人自残，因为她们觉得自己无法掌控生活中的某些方面，对她们来说，自残是一种加强控制的方式。

在伤害自己的行为中，女孩也许会觉得自己正在释放压抑已久的怒火，就好像是高压锅的阀门被打开了似的，这种行为带来短暂的放松感。但自残同样带来愧疚感、抑郁、自我厌恶、愤怒、恐惧以及朋友和家庭的孤立。

自残并不意味着女孩有自杀倾向，但所有自残案例都需要严肃对待。自残与精神健康问题有关，比如抑郁、精神病、躁郁症和边缘型人格障碍；与创伤有关，比如身体上的伤害或者性虐待；还与其他深层精神痛苦有关。自残也可能持续身体伤害。当女孩们偶尔因为自残而需要住院时，她们可能已经给自己的身上留下了与精神伤害一样伴随一生的伤疤。

在短期内，如果你的女儿有自残行为，她需要知道，当自残的意愿变得无比强烈时，自己要如何应对。她的医师很可能建议她数到10或者等待15分钟，让情绪有机会慢慢平复；说"不！"或者"停下！"；瑜伽之类的放松方式；出去跑步或者做其他高强度身体锻炼。但是如果你的女儿接受了一些听起来有点不正规的建议，也无需太过忧虑：如果自残的愿望强烈到无法抵抗，一个可接受的短期解决方法是替代方式，比如用指头夹住冰块直到它们麻木，吃辣椒，洗冷水澡，给腿用蜜蜡脱毛，或者把身上涂成红色来替代用刀割。最重要的是，需要找到导致她自残行为的深层次原因，与专家一起解决问题，专家会帮助她建立健康的认识，去应对和表达痛苦情绪。

自残预警信号

刀割——特别是胳膊或者腿上小而浅的平行伤口——这些都

无法得到充分解释

　　其他频繁而又无法解释的受伤，比如烧伤或擦伤

　　开始总是穿着长袖衣服或长裤，即使在炎热天气里也同样如此

　　突然讨厌去游泳或者在其他女孩面前换衣服

　　头发减少，因为它们被故意拔掉了

　　情绪变化，抑郁，焦虑

　　花很长时间独处

　　应对压力或者情绪时面临显著困难

　　在学校的表现变差

抑郁症

　　现在，澳大利亚的年轻人中有2%至5%都在受到抑郁症的折磨。当他们成年之后，差不多其中的五分之一会经历抑郁症。不幸的是，其中一些年轻人在青春期时没有人发现他们的抑郁症，也没有得到治疗。正如我们期待的那样，青春期是一个情绪动荡的时期，有时青少年的抑郁躲过了雷达，而不被发现。

　　抑郁症并不等同于整天忧郁。偶尔情绪不高或者因为失望、挫折而伤心一段时间，这些都是青少年或者成年人生活的正常组成部分。抑郁是一种临床症状，与大脑内一种引起情绪变化的化学物质分泌紊乱有关：从平衡状态转为悲伤或易怒状态。抑郁会降低大脑感受愉悦和开心的能力。例如，一个抑郁的青少年也许会突然终止网球游戏或者与朋友的购物计划。大脑内化学物质的变化同样影响其他身体系统和行为：一个得了抑郁症的女孩食欲可能会增加，也可能会减少；她也许会比平时睡得更多或者更少；她也许会发现自己很难集中注意力；她也许会感到疲惫，缺乏精力。

　　抑郁症的原因是多方面的，并且每个个体之间都会有差异。青少年可能会遗传抑郁症倾向。抑郁症也可能被某件压力巨大的事情触发，比如爱人的去世或者父母离婚。个人性格也会起作用，根据Black Dog研究所的研究，焦虑、自我批判和敏感的人得抑郁症的风险更大。

　　确认青春期女孩的抑郁症难度很大，因为她们也许真的有认知困难，所以在表达自我感受时也很困难。青春期女孩同时正在经受着许多其他的变化，我们无法确定她们情绪和行为上的变化是否仅仅是成长中的正常现象。除了情绪的悲伤之外，唯一能够暗示青春期女孩患有抑郁症的也许是她开始做出与平时不同的行为。比如说，她或许在学校的表现变差，想花更多时间独自呆着，或者开始做一些诸如莽撞驾驶之类的危险行为，还有行为随便，吸毒或酗酒。你最了解你的女儿，所以请相信自己的直觉。如果有两个星期或者更长时间，你感觉到她不像是你平常认识的那个孩子了，那么去寻求医生的帮助吧。

　　治疗青春期抑郁症非常重要，因为青春期是一个女孩经历变化的重要时期，这对她今后一生的幸福都至关重要：比如说，她会在这个时期内开始变得独立，发展学到的技巧，形成她自己的性观念，建立交际圈，为未来职业生涯做准备。抑郁症同样会导致女孩面临出现滥用药品、自残和饮食失调的更高风险。最严重的是，抑郁症会导致女孩尝试结束自己的生命。

　　如果你需要为女儿寻求治疗，请做好准备，而不是仅仅寻找权宜之计。你的家庭医生也许是一个好的起始点，但是寻求抑郁症方面专家的帮助或者去当地青春期女孩精神健康中心，要比在家庭医生那里开些药强得多。这是来自儿童和青春期女孩精神病专家布伦特·沃特斯的建议，她认为给青春期女孩开的抗抑郁剂处方过多了。另一个给青春期女孩开抗抑郁剂处方的问题是他们总是试图抗拒任何形式的医学治疗。"这是一个控制问题"，沃特斯医生说。如果青春期女孩觉得医生在贬低她，或者在命令她吃药，这会让她觉得自己很无力，而这正是她"努力争取力量和自由，而不是失去它们"的时候。

如果抗抑郁剂确实是你女儿治疗计划的一部分，那么有几件有用的事情需要你了解。专家很可能在一开始给她一个较低的剂量，然后一个星期或两个星期后开始逐渐增加剂量，直到八个星期后药物才能完全发挥疗效。抗抑郁剂在所有病人身上并不是以同样的方式在发挥作用，所以专家可能会推荐换用另一种药物，或者在剂量上做出大的调整。服用许多抗抑郁剂之后，如果病人突然停药——突然"戒断"——会产生一些恐怖的副作用，比如焦虑，失眠，恶心，手脚发麻。服用抗抑郁剂时必须要遵从药物说明，在停药之前，要征询专家意见。另外很重要的一点是，让专家知道你的女儿同时还在服用哪些其他药物。例如，在服用抗抑郁剂的同时服用金丝桃之类的植物会导致危险的相互作用。

即使你的女儿被推荐服用抗抑郁剂，精神治疗同样不可忽视。有许多有帮助的精神策略，视你女儿的需要而定。越来越流行和有效的方法是认知行为治疗（CBT），可以与治疗师一对一进行，或者在一个小团体中进行。CBT的目标是揭示思维通过什么方式影响情绪，教患者如何挑战自己的消极思想和信念。其他形式的咨询或治疗可能会关注她的性格或者是过去导致她抑郁的事件等方面。

抑郁症预警信号

反常的冒险行为，比如莽撞驾驶，杂乱随意的行为，吸毒或酗酒

悲伤

易怒

一天中情绪多变，特别是在早晨情绪最坏，接下来随时间推移而变好

愉快感丧失，对平时喜欢的事情提不起兴趣

食欲的增长或者衰退

比平时睡得更多或更少

烦躁不安

疲惫

由于注意力不集中，在学校的表现变差

想花更多时间独处

自责、自罪、无用感

对疼痛的敏感度增加；出现新的疼痛

冷漠；缺乏动力

总是重复关于死亡或自杀的话题

自杀

　　说出来也许令人惊讶，在女性中自杀风险最高的时期并不是青春期。女性自杀率最高的时期正是许多青春期女孩的妈妈所处的年龄段：35岁至44岁之间。事实上，青春期女孩的自杀率在所有女性中是最低的。当然，这个数据令人感到一点宽慰。但就算只有一个青春期少女自杀，那也已经太多了；就算只有一个成年人自杀，那也已经太多了。了解这个数据是有帮助的，因为它提醒我们，在留心我们女儿的心理健康的同时，也不要忘了关注自己。

　　很多试图结束自己生命的人分享给他人的是压力和痛苦，这种困境是她们无力改变的。抑郁症或者精神疾病会增加自杀风险。紧张、压力的生活或者正在持续的困境可能会为绝望感或可能导致自杀的抑郁情绪火上浇油。这类压力过大的例子包括爱人的死去，离婚或者一段关系的破裂，争夺孩子监护权的纠纷，居住在一个混杂的家庭，经济问题，严重的疾病或事故。任何形式的虐待——身体上，言语上或性虐待——都会增加这种风险，这不仅会影响青春期女孩，同样也会影响她们的父母，即便这虐待是发生在许多年之前。家庭中任何成员有滥用药品的情况，都会影响家庭中其他成员，通过收入减少、社交网络或者法律问题，直接或间接地导致自杀情绪的产生。

单独来看青春期女孩的情况，欺凌现象需要给予严肃对待，因为这会让孩子试着结束自己的生命。同样，青春期女孩自己的人生观正在逐步成型，其中很大一部分是性别观念。对于一个对自己性表现或性别持怀疑态度的青春期女孩而言，他人的压力、因为自己的不同而遭受的嘲笑，或是她们的内疚和困惑都会让其难以承受。一段关系的破裂可能会诱发某些青春期女孩的自杀行为。作为成年人，我们有能力去观望更远的前景，知道再过几年，青春期里的分手回想起来就不会像当时显得那么重要了。可是，你的青春期女儿却没有成熟到足以看开当时那些痛苦。如果她为了分手而过度痛苦，你需要加以注意。另外一个导致青春期女孩自杀的因素是最近她们亲近的人自杀，或者她们亲近的人的自杀或死亡周年纪念日，所以，这些时候你的女儿需要额外的支持。

自杀预警信号

丧失了对过去喜欢的事情的兴趣

扔掉她的珍藏品

彻底清扫她的房间，把重要的东西都扔出去

暴力或者叛逆行为

从家里逃跑

滥用药品

对衣服和外表都不感兴趣

突然的、显著的性格变化

远离朋友、家庭和平时的活动

事故显著频发，或者有自残的征兆

饮食和睡眠方式的变化

学校表现下降，是由于注意力的下降和无聊感

频繁抱怨胃痛、头痛、疲惫和其他与情绪沮丧有关的症状

拒绝赞扬或奖励

言语暗示，比如"很快我就不会再是你的问题了"或者"什么都无所谓"

在一段时期心情低落之后，突然变得高兴起来，这也许暗示着她已经下定决心要结束生命

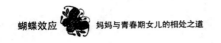
你能做些什么

阅读以上自杀预警信号的清单足以让人寒心，但你可以做许多事情来为有自杀倾向的人提供帮助。第一：如果任何人——儿童、青春期女孩或者成人——说出类似"我想杀死自己"或者"我要去死了"之类的话，立刻带他去寻求帮助。清除一切他们可能用来自杀的东西，与他们呆在一起。如果有需要的话，拨打000，或者拨打危机热线。以下咨询热线在澳大利亚一天24小时都是开通的：

生命线：13 11 14

儿童帮助热线：1800 55 1800

24小时军队救护关怀热线：1300 36 36 22

另外一件有价值的事情能够让你帮助一些你担心有自杀想法的人，那就是聆听。以下这些观点改编自维多利亚政府那部成功的"预防年轻人自杀——预警信号"，网址是www.betterhealth.vic.gov.au：

聆听并且鼓励她说话

告诉她你关心她

关注她的感受

让她安心

温和地指出自杀会带来的后果，为了她和身边的人

保持冷静；不要痛苦或者生气

不要试着去打扰她

不要去评判她

不要用太多建议或自己经历的故事来带给她压力

滥用药品

　　我在启迪教育中遇到的家长们，她们中的许多人最担心的是自己处于青春期的女儿会接触毒品。我认为，作为家长，如此关心毒品问题的原因在于现在各种毒品数目繁多，它们流传的渠道很广，毒性很高，新品种的出现也难以预料。当我们还在青春期的时候，就已经有大批毒品出现了。现在，有摇头丸、冰毒、GHB，还有饮烈酒、迷奸药。药片和粉末在非法的实验室中被制造出来，人们甚至无法确定自己吃的到底是什么东西。还有喷剂：通过吸入喷雾来获得快感。还有汽油、黏胶和溶剂的吸入剂。具有潜在致命风险的止痛药和镇静剂从药剂师手中销售出去，比如2008年夺去希斯·莱杰生命的那些药。还有多种麻药同时使用。难怪我们有时会感到恐慌。

　　恐慌让人手足无措，知识却能给人力量。我们最大的恐惧集中在强力毒品上，比如海洛因、可卡因、摇头丸和晶体脱氧麻黄碱（冰毒），但事实上这些却是青春期女孩最不可能接触到的。每100个青春期女孩中，只有不到3人使用海洛因、可卡因和摇头丸。安非他明类毒品，比如冰毒，在青春期女孩中的使用率是4%。另一方面，却有25%的青春期女孩通过吸入喷漆、汽油、黏胶或者溶剂来获得快感。这些东西都是现成的，这种行为会对身体重要器官，包括大脑，造成伤害。多数家长最严重的担忧是自己的孩子会死于过量使用强力毒品。在任何年龄，死于滥用药品都是悲剧性的，但是当一个人过早死去，他会白白失去后面许多年的生活。同时，这给家人和朋友在情感上的打击也是无法估量的。也许这个数字有利于正确理解这种风险：每年15至24岁之间的死亡率中有6%是由毒品造成的。

强力毒品确实能摧残甚至结束青春期女孩的生命，所以我们需要做力所能及的一切事情来制止他们使用毒品。我们若关注强力毒品，就不能忽视大量青春期女孩正在滥用的哪怕最不引人注意的某种毒品。事实上，青春期女孩广泛滥用的两种毒品也正是被大部分成年人所滥用的：酒精和烟草。还有一种是被大量成年人滥用的药品，其中一些人甚至错误地以为它是良性的：大麻。或许青春期女孩对酒精、烟草和大麻的滥用并没有引起警觉的原因在于有太多成年人同样滥用过或者正在滥用它们。

数据还显示，制止青春期女孩滥用毒品的努力获得了回报。从2004年到2007年，青春期男孩使用非法药品的比例从20%降低至15%。在2007年，18%的女孩使用非法药品，比2004年降低了4%。青春期女孩吸烟的数量有所降低；在16~17岁年龄段，这个数字降低了几乎一半。

　　我通过这些数据来提供一个背景，并不是要抵消这些药品对使用它们的青春期女孩造成的伤害。与滥用药品如影随形的是严重的健康风险。不论依赖程度和使用量有多大，滥用毒品都会对心脏、肾脏、肝脏和大脑造成伤害；还会造成血液疾病，比如乙肝和丙肝、HIV；造成意外事故、精神疾病、抑郁、昏迷或死亡。一些毒品不仅会损伤大脑，还会改变大脑的工作方式。这对于青春期女孩尤其严重，因为他们大脑的不同部位正在以不同的速度发育着。在青春期女孩中，大脑用来规避风险的那个部分发育不足，这与奖励或者大脑的愉快中枢有关。

　　"我们知道，青春期女孩的大脑总是被奖励所驱动，年轻人的大脑还没有成熟到足以在事情发展过程中及时刹车"，弗林德斯医学中心的副教授、精神病学高级顾问米歇尔·白根特说。

　　这种大脑差异、对于融入朋友圈的渴望，以及青春期带来的某些压力让青春期女孩在毒品面前格外脆弱。但在我们对女儿安全的关切中，要避免先入为主或者妄下定论，把她们全看成一样的人。"社会对年轻人很不信任"，诊疗心理学家克莱夫·斯基恩说。他主张我们把青春期女孩当成独立的个体，与她们建立联系："我们需要谨慎，因为每个人都会受到积极或者消极的影响。"

　　大部分毒品如果被规律性地服用，那么人对它的耐受力会增加，然后他们需要不断增加剂量，来获得同样的效果。当他们依赖性更强时，离开毒品之后，就会出现戒断症状。通常，毒品问题会伴随着一连串其他问题，比如抑郁、饮食失调。为了帮助正在戒除毒品依赖的人，相应地，这些症状也需要得到治疗。治疗可能会包含几个方面内容，这与毒品种类和个人情况有关。咨询专家、家庭治疗、CBT和小组治疗（例如匿名戒毒会和麻醉药品滥用者互助协会）都是目前使用的治疗手段。有时医生也会开一些药品来应对其他症状，比如抑郁、焦虑，或是为了减轻戒断症状、降低对毒品的渴望、消除毒品的作用（这样服用毒品就没有意义了）。为了对青春期女孩的毒品成瘾问题有所帮助，可以与自己的医生谈话，或者寻求社区健康中心和在治疗毒品滥用方面有经验的医生的建议。

滥用毒品的预警信号

情绪变化无常

抑郁

混乱

激动、易怒

逃课或者不去学校

在学校的表现变差

参与打架斗殴

开始与你争吵，或者更频繁地破坏规矩

在音乐、发型或服装方面的品位发生改变，风格变得古怪

离家出走

和一个新的、很可能比她年龄大的团体一起出去玩

体重显著增加或减少

眼睛通红或者眼神呆滞

格外疲倦

健康状况差

预防和制止

我相信，我们能够做到很多事情，来防止我们的女儿陷入危急关头。不论一个女孩面临多大的麻烦，她都能让自己的生活发生转变。关键在于沟通，并且"母亲和女儿有个天然优势，就是她们似乎天生就善于对话"，儿童和青春期女孩精神病学家布伦特·沃特斯说。"这有点像教小孩学走路：只要他们发出声音，我们就知道他们想要什么，在需要的时候会上前一步保证他们的安全。只有当他们悄无声息的时候，才是我们需要警觉的时候！对于青春期女孩来说，道理也同样如此。不要要求他们把每天每秒的生活都汇报出来，不要过度保护，但也不要停止交流和聆听。"

女孩们总是告诉我，他们更多地想要父母的时间用来做什么——倾听自己。有时我们问女儿到底怎么了，回应我们的却是对方大大的白眼、无尽的愤怒和砰然关上的门，于是我们放弃了。千万不要这么快就放弃。女儿的这些行为似乎是想把你推远，但实际上她需要你不断询问，关注她，显示出你对她的关心。临床医学家玛莎·B·施特劳斯建议："当她沉默不语，你要一猜再猜。"很多青春期女孩都无法充分细致地描绘自己的感觉，但我们能够帮助他们。可以用简单的"我对此非常生气，你呢？"来打开话匣。在附录3中设置的问题，"让我们交谈吧"，都是不错的开启对话的方式。

你能做到的最有帮助的一件事情就是允许她表达自己所有的情绪，而不是把所有消极情绪都憋在心里，最后变成绝望。"当女孩们被允许生气的时候"，施特劳斯写道，"他们也同时确定了自己还有一些有力的感受——还有人值得让她生气。"

行动计划

寻求专业帮助

如果你发现女儿做出危险行为或者显露出情绪紊乱的信号，一个好的选择是去咨询你的家庭医生，然后转诊去相关专家、当地青春期女孩精神健康团队、咨询顾问或者社会健康中心等地进行治疗。转诊去精神病学家、诊疗心理学家和社会工作者处都能够得到医疗保险退税。特别是对于稍大一些的青春期女孩，寻求专业帮助是说起来容易做起来难。如果你女儿不接受治疗，那么试着让交流的门始终打开。让她知道，你会在旁边支持她，如果她改变主意的话，你能帮她得到治疗。专业建议对你和家庭其他成员很重要，即使你的女儿拒绝别人给她的帮助。专家能够提供必需的支持，也能指导你更好地掌控女儿的状况。

持续性

家里有个青春期孩子，特别是喜欢冒险或者自残的孩子，设置持续的规则是非常重要的，这样她才知道什么行为能够被允许。试着和你的伴侣或者其他成年监护人团结一致，因为如果你跟别人分离开来，她就会在这上面大做文章。试着坚持你的爱，就算你的女儿在痊愈过程中突然再次堕落，她也需要知道你依然还爱她，愿意跟她一起重头再来。

消除秘密

当一个家庭成员处于危机之中，我们通常的反应是向外界保密。试图自杀、饮食失调、经济问题——不论危机是什么，我们都倾向于把问题遮掩在家里，这是因为感到难堪或者是出于一种保护我们的家庭免受外界评论、同情或欺负的本能。但是，围绕危机保守秘密，对于孩子并没有帮助。特别是对于女孩，"在青春期女孩的关系网中，秘密是黑暗的，是秘密持有者力量的源泉"，沃特斯医生说，"家长们需要重新看待这件事：这并不是一个'秘密'，虽然这可能是'私人的事'。"

为你的女儿建立支持者关系网

对于青春期女孩而言，生活的全部就是人际关系网。避免出现问题或者支持你正在痊愈中的女儿的最好方法就是帮助她形成强大、健康的人际关系网。她的人际关系网也许包括医生、治疗师、成年的导师、其他亲戚、学校顾问、学校里外的各种朋友。

找到知己

莉是18岁的艾比盖尔的妈妈，艾比盖尔自残，并且还有饮食失调问题，莉建议，当事情变得棘手，与她处境类似的母亲应该找到一个"安全人"——一个不会对你有偏见、随意评价你的人——来与之交谈。她和丈夫各自都有可供倾诉的"安全人"。还有，如果你需要任何朋友或者成年家庭成员的帮助，那就尽管开口吧。

送她一本充满爱的书

这个主意是一名患有饮食失调症的孩子告诉我的。当我问她，别人为她做过的事情里，最让她感到温暖的是什么，她说，是一个朋友曾送给她一本充满爱的书。"那是在我开始有史以来最令人紧张的一次治疗之前，我收到一封邮件，里面有个压缩包"，她回忆道，"她在书里装了音乐、她所喜欢的关于我的事情、激励人心的语句、漂亮的贴画和其他闪亮的东西……她之前没有说要送给我这本书，这是一个多么可爱的惊喜啊！她将最后10页留成空白，让我在里面填满关于自己的积极向上的事情。"和其他许多同样患有饮食失调症的人们一起，这个女孩也在应对其他问题：抑郁、焦虑、尝试自杀的历史和自残。我认为，这本充满爱的书对所有受到这类问题困扰的女孩都有帮助，它能够提醒他们，还有人在珍惜他们。

忙中偷闲

如果你的女儿面临某个正在发展中的严重问题，你也许会忙着照顾她，而忽略了自己。你需要给自己重新充电的机会，好好吃饭、锻炼，与朋友、家人或搭档进行联络。专门针对家长的正式的暂缓治疗服务也许很难得到，所以你需要打电话给朋友和家人，让他们照顾你的女儿，这样你就能得到短暂的休息。这件事很简单，就好像你每周去一次瑜伽课一样。如果这让你觉得自己很自私，那么请记得，我们只有在身体健康、精神焕发、能够掌握自身压力的时候，才能给予女儿最有力的支持。

请牢记

我用充满爱、尊敬和开放的心来聆听他人

当需要时，我会去寻求帮助

第八章

学校生活

　　跟我当初上学的时候相比，有太多事情发生了变化，我不知道要从何入手来帮助我的女儿！我的意思是，当我上学的时候，大部分时间都在抄写老师在黑板上的笔记。我的女儿回家来，告诉我要做PPT、播客……跟以往的经典课程不同，他们学习电影和作曲，而这些我从来都没听说过……我觉得自己完全跟不上了，所以只能在旁边看着。

　　　　　　　　　　　　　　克里斯蒂，一个14岁女孩的母亲

一旦女孩开始上高中，家长会在帮助孩子学习方面感到力不从心。"真实的学校"看起来冷漠无情，难以忍受。课程变得更加复杂。如今，学校出现了一些新课程，在当初我们还在上学的时候，无法想象还会有这些课程。我们的孩子所学习的一部分内容已经超出了我们的经验所能覆盖的领域。但是，青春期女孩只在学校度过他们生活中15%的时间，这意味着我们在家中提供的支持依然十分必要。

帮助你的女儿处理学业问题并没有看起来那么困难。现今，女孩们在学校需要掌握的最重要的东西与我们当年在校时并没有区别：学习能力。不管课程如何变化，技术怎样进步，成功的高中教育的核心都在于终生学习能力的培养。这种学习能力对我们的大学学习、职业生涯和成年生活都有所助益。对于我们的女儿来说也是一样。你的女儿通过听播客来学习，而不是抄写黑板上的内容，这并没什么大不了；而她身上培养出的那些对未来至关重要的基本能力，比如学习新事物的能力，与他人沟通的能力，在团队中工作的能力，计划和组织能力，解决问题的能力，自我管理和进取精神，这些才是最核心的。

让我们的孩子掌握这些核心技能至关重要，因为世界正在迅速变化着。那些设计高中课程的教育家不可能确切地知道学生在将来需要学会什么。就算是看上去十分现代化的教学手段，比如播客的使用，在几年之后也会过时。学校正在意识到，他们需要跟上变化的潮流。他们专注于帮助学生成为终生学习者，能够适应世界和职场的变化。格雷格·惠特比是西悉尼天主教会学校的执行董事，他写道：

"21世纪是知识时代，如果那些在学校工作或者为学校服务的人想更好地服务学生和社会，就需要转变工作方式……我们一同站在学校生活开始发生转变的起跑线上。"

当我还是一个高中教师时，每次开家长会时最大的沮丧就是要在属于我的5分钟内把一切都表达清楚。在这里，我可以不用担心时间，把我在教学和学习多年过程中积攒下来的智慧全都分享给大家。这里提供的建议是为了想要帮助女儿充分开发潜能的母亲们量身定制的，但对于父亲们同样有效，其中的许多内容也可以用来帮助青春期男孩。

用女孩的方式学习

如果我们要帮助女儿学习，就需要知道他们适合哪种学习方式和手段。男孩和女孩的学习方式是不同的。部分原因是由于男孩和女孩从小的培养方式就不同，同时，在大脑发育和认知能力上，双方也有差异。根据专家的观点——以及我多年的教学经验证实——女孩比同龄的男孩拥有更强的语言能力。女孩通常说话更多，词汇量更大，讨论和描写自己的情绪也更加自如。人际关系网对于青春期少女生活中的每个部分都十分重要，包括教育：她们更喜欢和同伴一起学习。女孩们能够集中注意力的时间也要比男孩更长。男孩们通常对技术细节和过程感兴趣，而女孩不同，当她们看到自己学习的东西进入实际应用，真正发挥作用时，才更能引发他们的兴趣。女孩们的斗争对象也许并不是数学、科学和计算机这些课程本身，而是教育她们的方式：如果能够给出现实世界中的例子，并且让他们有机会去应用自己学到的新知识，她们就能对这些课程更感兴趣。

有一些普遍的指导原则能够帮你大致理解女儿是如何学习

的。以这些为基础，你能给她提供更多机会，让她以自己的方式学习——小组学习，讨论小组，知识的实践应用——并且将那些没什么帮助的态度最小化，比如希望她总是独自学习或者在不给出背景知识的情况下让她回忆出技术细节。

每条规则都有期待达到的最终目的。每个个体，不论是男孩还是女孩，都是独特的。人们受到的影响远不止性别之分，所以你的确需要注意，你的女儿可能在某些方面与其他女孩不同。这些差异也许是有好处的，举例来说，一个女孩也许用理论的方式来学习技术过程更能激发她的灵感，同时，她比同龄男孩拥有更强的语言能力。差异也可能令人沮丧：想象一下，一个女孩的语言能力并没有其他同龄女孩那么强，可是别人却都认为英语对她来说应该很容易。我们对孩子的个人学习表现了解得更多，我们就能更好地支持他们，在需要的时候给他们额外帮助。

去了解你女儿的学习习惯，并问问自己：她喜欢怎样学习？她在什么时候、和谁一起、用怎样的方式才能学得最好？如果你无法确定，就去问她和她的老师。去弄清楚你要做什么、要怎样做，才能给她提供更好的家庭学习环境。关于更多如何操作的特别指导，我认为伊丽莎白·哈特利-布鲁尔——一个受人尊敬的教育类书籍作家，在如何看待孩子教育中的家长角色上有自己独特而实用的方式。她将这个角色比喻为运动员训练中的好教练：

"从运动心理学中，我们知道最好的教练专注于发展技巧和能力……他们用奖励来激励成就；教导个人去掌控自己的错误、

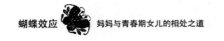

学习和进步；通过发现原因并直接指出它们来减少焦虑。"

　　与其因为不知如何教导女儿学习那些自己完全不懂的学校课程而感到巨大压力，不如借鉴上面的主意，成为她的教练，把你的角色分解为可行的任务：帮你的女儿发展技巧和能力；奖励她取得的成就；让她从错误中学习；给她掌控自己学习的自由；为她提供爱的支持，这样她就不会独自焦虑了。

发展技巧和能力

"基本三会"——读、写、算——曾经被认为是教育的基础。但是新技术的产生意味着"基本三会"现在只是女孩所需的一小部分学习工具而已。为了充分利用将来她可能遇到的所有学习机会，她需要能够掌握信息和通信技术（ICT）。一般来说，女孩比男孩要更擅长阅读和写作，但是，证据表明，当她们面对ICT的时候，会遇到许多困难。

在澳大利亚，与男孩相比，女孩更多地认为学习ICT是无聊的（持此看法的女孩比例为36%，而男孩为16%）或者是困难的（持此看法的女孩比例为23%，男孩比例为11%）。这样一来，结果就是学习与技术相关专业的男孩要远多于女孩。在取得2002澳大利亚新南威尔士州高中毕业证书并且选择学习电脑编程的全部学生中，只有不到1/5是女孩。技术与职业教育(TAFE)的报名情况也显现出同样的趋势。女孩和年轻女性都面临着成为技术盲以及被排除在需要技术的工作和研究领域之外的风险。

为了应对这种不平衡，我们应该训练女儿发展自己的强项。

"与其尝试去帮助女孩像男孩那样使用电脑"，教育家布朗文·T·威廉姆斯写道，不如问问我们自己："我们要如何帮助他们发展自己的强项，然后寻找全新、有创意的、适合女性的方式来学习电脑和设计？"如果女孩对于学习电脑编程和软件设计的兴趣要比男孩低得多，或许这是因为她们认为这些东西与自己无关。女孩喜欢社交，而且当她们能够切实看到知识在现实中的应用效果的时候，才能学得最好。那么，如果要创建那些给女孩机会进行社会交往的网站，比如MySpace和Facebook、博客和角色扮演的网站等等，计算机知识就显得格外重要。让女孩们发现这之间的联系并且亲自参与进来，就能把计算机课程从书本上带入现实生活中。女孩对计算机兴趣较低的另外一个原因是，在ICT方面，他们很难找到积极正面的女性榜样，如果可能的话，为你的女儿找一个女性导师，也许会有所助益。

对知识实践运用的重视能够为女孩打开学习的大门，不仅仅是ICT，这还能用来帮她们发展任何领域的技能。这个主张是我在进行"灯塔计划"（The Lighthouse Project）时引进的，该项目是为了指导那些面临过早辍学的危险的年轻人而设立的。其中一个非常敬业的志愿者叫做格兰，他是RAAF（澳大利亚空军）的工作人员。他指导的是一个叫做瑞秋的14岁女孩，这个女孩觉得学校跟自己一点儿关系也没有，而且非常无聊，对自己的学校生活产生了绝望情绪。

虽然她并不喜欢科学和数学课程，但格兰让她在一个高度技术化并且不允许出现误差的地方工作：在澳大利亚空军新南威尔士基地一个被称作"航空运输"的部门。这个团队负责计算空运物资时飞机的安全载重，比如C-130、B707和Caribou这几种机型。

"然后，当我们进行总结的时候，瑞秋回忆着自己面对那些数字、形状、重量和危险货物的种类，她感到非常无聊"，格兰说道。但他突然发现她对那个帅气的飞行员无比着迷，"这让我突然开窍了"，他说。"我问瑞秋，那些她一直在抱怨和无法理解的科学、数学课程都是用来做什么的。那个千篇一律的'什么用都没有'的回答再次出现了。我向她解释说，那个帅气的飞行员的生命有一半掌握在你的手上，飞机就像一个跷跷板，需要精确的平衡。""为了避免危险的化学反应"，他继续向瑞秋解释说，"某些种类的货物需要与其他东西分开一定距离来放置。"

"如果不那么做的话，我告诉他，那将是那个帅气的飞行员的最后一次飞行，也是飞机上所有人的最后一次飞行……观察瑞秋的脸就好像看到烟火点亮夜空……她立刻抓过我们用来计算所需比例的表格，开始问一些有智慧的、紧迫的问题，这样她就能写出我们所需的方程式，来让重量和平衡之间取得正确的比例。"

格兰有足够的观察力去发现驱动瑞秋的关键点，曾经几乎无法完成学业的瑞秋现在不仅开始学习科学和数学课程，甚至还突然对此热情高涨，兴致盎然。对于每个女孩，都有一些方法能让她们觉得学习与自身有关。我们的角色就是要保持与女儿之间的沟通渠道的通畅，这样我们才能发现是什么让他们想要学习，想要抓住每个机会。

奖励成就

　　人们对于女孩的一个刻板印象是他们缺乏男孩身上那种竞争精神。太多人依然相信只有男孩——充满雄性荷尔蒙和冒险精神的男孩，才会被竞争所激发，他们努力奋斗是因为想要在体育场上或者在班级里成为胜利者。这种观点完全是在胡说八道。我曾经也是一个充满竞争精神的女孩。在学校里，我想成为班里的第一名。在麦当劳做兼职时，我努力成为动作最快的点餐员。甚至在社交方面，我想要尽可能多地交朋友。在背后激励我的是感情上的奖励：我会赢得注意；我会被别人重视。

　　虽然女孩的竞争意识总是被低估，但这种竞争意识能够成为帮助他们学习的有力工具。

　　对你来说，这意味着在家你要弄清楚哪种奖励能最大限度地激励你的女儿。为了产生实际意义，给予的奖励需要与她的成就有关——不要太古怪，也不要太微薄——必须得是一些能让她心生感激的东西。

掌控错误

    我们正处于一个家长对子女总是过度保护的趋势之中，这种家长被称作"棉花包"或者"降落伞"式。这种模式下，成人总是试着保护孩子远离任何可以想到的危险和冲突。为了防止孩子被欺负、被车撞或是成为恋童癖的目标，禁止他们去任何地方，甚至干预孩子在学校或与朋友之间出现的最小的问题。

    产生保护孩子的冲动是很自然的。但这种本能现在已经变成了一种严密保护机制，让家长和孩子一天24小时都处在监督之中。我们想更多地监控孩子，这是因为在持续的媒体冲击之下，我们都对可能发生的事故和犯罪更加警惕。现在，一般来说，我们生孩子的数量在减少，随着时间推移，现代人越来越多地借助于医学手段来帮助生育。孩子总是——也应该总是——父母的珍宝。只是，以前从来没有像现在这样，有那么多理由来保护孩子，也没有那么多监控他们的方法。

    当我们在过度保护孩子的时候，即使我们的动机是好的，却也同时夺去了他们急需的一个学习机会：从自己的错误中学习的机会。过多的家长干预造成的结果是青春期女孩在觉察危险、解决问题和化解与他人的冲突时会面临困难。心理学顾问朱迪丝·帕帕佐一直与澳大利亚学校的学生、教师和家长一起工作，她觉得，由于"棉花包"式的家长教育，造成"孩子们的适应力和独立性在下降"。独立性对于青少年至关重要，只有这样他们才能像成人一样做出明智、独立的选择。适应力能帮助青春期女孩应对失望和失败，这些都是每个人在生活中必须面对的。

对于失败的恐惧会让人手足无措。"我接触到的很多女孩都因为太过恐惧，从而无所作为"， 悉尼费尔菲尔德中学学生福利部部长莉萨·波特说。"他们对未来有过多担心，就好比他们在下一盘棋，由于害怕失去一兵一卒，所以干脆根本不玩了。"一个鲜明案例就是当女孩开始选择自己的课程的时候，"她们害怕做出'错误的'决定，所以她们选择朋友们选择的课程，或者家长推荐的课程，而不是冒险选择自己喜欢的或想要尝试的课程。"

青春期女孩需要我们反复保证她们在教育上进行"家长知情的冒险"是没问题的。她们得学会在生活中进行"知情的冒险"。你不能以成年人的身份在女儿身边帮她作出决定，你也不应该那样做。你的女儿需要从现在开始学习解决问题和作出决定的技巧，如果她想要成长为一个独立自主、适应力强、生活平衡的成年人的话。在这个过程中，她会犯一些错误。也许你很难做到袖手旁观、坚决不帮她解决遇到的任何问题，但你目前的任务是在她身边给予支持和安慰，在需要的时候给出自己的建议。当她犯错之后，试着不要在边上说"我早告诉过你会这样"。（就算你曾经这么说过！）

作为一个女孩，最糟糕的事情就是当你失败的时候人们会谴责你，事实上，你只不过是绊了一跤，并从中学到了一些东西。

燕，16岁

妈妈不仅应该与女儿分享自己人生中的成功经历，也应该分享自己的失败教训，并且告诉她的女儿能够从错误中学到什么。这能够给女儿希望——在做出错误选择之后，她依然能继续生活下去。

艾美利亚·托弗里，华盛顿州圣布里奇特女子学校校长

不要害怕犯错；它们是在学习过程中的一次投资。

伊莉莎白·布罗德里克，反性别歧视、反年龄歧视委员会委员

掌控学习

作为教练，我们的其中一个目标是帮助女儿掌控她自己的学习。在大多数人看来，对我们耐心的最大考验出现在女儿做家庭作业的时候。女孩们告诉我，她们和家长争吵最多的内容就是关于家庭作业。（当然，还有关于她们卧室的凌乱程度！）

我并不认为学生一定要做大量家庭作业，特别是他们在小学和刚上中学的时候。家庭作业可以是很有价值、能激发学生兴趣的，比如让学生去完成一个由他们自己选择主题，按照自己的方式进行探索的项目。但我发现，学生们的家庭作业并不是关于这些，因为老师们对于布置"繁忙的工作"感到压力很大。这种压力也许来自家长，他们相信大量作业意味着大量学习。这让我想到，通过布置过多的家庭作业，我们也许给了学生一个错误信号，那就是如果在课堂上没有完成任务，他们可以带回家再完成，这事实上会让他们养成不良的学习习惯。作为成年人，如果我们能够更加有效地利用自己的时间，或许也就不用把大堆工作带回家来完成了。

无论我对青春期女孩家庭作业的种类和数量持何种意见，现实情况是，这种情形在短期内无法改变。在中学刚开始的时候，学生通常每晚花一个小时写作业，在中学的最后一年，写作业的时间逐渐增加到每晚三个半小时。、

有一些家长认为，他们帮女儿写作业或者为她检查作业，就是在为女儿减负。这种做法没有任何好处。家长帮忙写作业，女儿的作业也许会得到高分，但她却学不到任何东西——除非她在父母眼中不够聪明，她怎么努力也不够好。我们能做的事情就是帮女儿建立起对于作业和学习的积极态度，创造一个良好的学习环境，制定有效的时间管理计划。

传统观点认为，良好的学习环境应该类似修道院：除非学生处于隔离状态，完全静默，像个修道士一样连续抄写书本内容好几个小时，否则她就没有真正地学习。但是你完全可以让女儿有一点自由的空间。学习环境分为许多种类，其中每一种都有它的合理性。

有时候，女孩（和男孩）会从与他人合作的互动式学习中获益。当女孩被要求独自在自己房间的桌前坐上好几个小时，她会觉得自己被人驱逐出去，并且把这种隔离视为一种惩罚，这很难让她找到学习的乐趣。我遇到的很多女孩告诉我，他们更喜欢被允许在社交中学习，与朋友们一起学习。的确，当女孩们被批准在校外一起学习的时候，学习过程中的"理解"一词就被增强了。有一些好的案例，就是当学生们在写作论文或者对今后复习时会用到的主题进行总结之前，先进行一场头脑风暴。当然，也有自己单独努力对完成任务起关键作用的情况。比如说，写论文

就不是一个集体任务。

在教室里，女孩也许会犹豫是否要阐述自己的看法，也可能不会得到太多鼓励，与其他朋友一起学习也许能够营造一个不具威胁性的、与教室里不同的环境。和她的朋友一起学习，女孩能有更多机会表达自己的看法、对他人提出质疑、发展新的思考方式。没错，他们在一起也会出现分心闲聊的情况，但这也没关系，只要女孩们有责任感，在集体学习开始之前设立明确目标就可以。例如，他们也许都决定在下午4点半之前要完成电影《末路小狂花》（*Rabbit-proof Fence*）的三个主题或者任何正在学习的内容的讨论。

允许你的女儿与朋友一起学习，给她正确的自由来自己做决定，掌控自己的学习。这不仅能让她有机会学习女孩们现实生活中的主题，也同样能鼓励她从中学习到计划、组织和时间管理的技能，以及收集和分析信息的能力、团队合作和沟通能力。重要的是，她也开始认识到，哪些任务适合独立完成，哪些任务经过小组讨论之后效果最好。她独自学习的时间也开始不那么像是惩罚，更像是她自己做出的明智选择。

以前，我所有朋友都参加一个学习小组，每次他们去的时候都说，"你应该也来的，这很棒。下次和我们一起来吧。"我如果不去就感到压力，于是我去了，并且非常享受这种小组学习，从中学到了很多。

弗朗西斯，17岁

我相信当女孩和其他关系不错的女孩一起的时候，学习状态最好。这能让女孩变得坦率和富有想象力。

哈莉，15岁

女孩们通过讨论的方式能够学得最好。如果我们没有参与进来，我们就压根没听！

艾诺，15岁

女孩应该一起讨论他们关于考试的想法，但还是需要独立学习和做笔记。我发现如果我和朋友一起学习，我就无法完成任何事情。我必须得有两三天时间放学后在家安静地独自学习，为考试做准备。然后我仅跟一个女孩分享我的看法，她通常是我的学习伙伴，我们会一起浏览考试大纲，对照彼此的笔记。

弗朗西斯，17岁

女孩们所渴望的互动学习小组能够在家里或者当地图书馆进行——否则她们只是空想而已。朋友们从学校回到家，给彼此打电话，聚到一起。"我总是跟爸爸说我需要一个更大的显示器，因为我打开太多窗口，无法及时跟进每个人的情况"，一个青春期女孩说道。她和她最好的朋友有六件不同的事情在同时进行，包括来自不同朋友的多个即时聊天窗口，一个虚拟角色扮演的区域，以及"The Palace"，一个可以让用户拥有属于自己的"阿凡达"的网站——每个角色都有自己的性格特点——可以同别的用户的"阿凡达"进行交流。同样，"我们还打开了家庭作业。

（我很高兴地报告一下，我们都在晚上睡觉前完成了作业，这种写作业的方式实在太太太有趣了！）"她说。当然，更不必说他们同时还在电话上进行对话了。

也许女孩在写作业的同时做一大堆分散注意力的事情，会让人有些担心。但是这个女孩所描述的场景听起来就像是成年人在办公室度过的一天。尽管存在各种干扰，还必须得完成多重任务，并且让同事也参与进来，但最后我们依然会把自己的工作做完。在一定程度上，女孩们用这种方式学习、工作，成长，是没有问题的——只要他们知道何时该排除干扰，独自工作。如果你在办公室里工作，同样的情形也许是你知道何时关上办公室的门，让电话转接语音信箱，以及晚点再回复电子邮件。当轮到你的女儿时，这意味着与她保持接触，确保她把任务控制得很好，努力地在网络交流、独立学习和完成作业之间取得良好平衡。将它想象成"可控的风险"：给女儿机会让她管理自己的学习方式，但是当这并不奏效时，你也要做好进行干预、给她建议的准备。

减少焦虑

　　培养独立性、学会自己做出选择，这对于青春期少女很重要，但是他们依然需要我们在旁给予支持。当女孩接受的教育具有挑战性的时候，他们的兴趣会被激发出来，他们拥有选择自己课程的自由，也知道能永远依靠家人给予的无条件的爱。"当女孩在自由和支持之间得到完美平衡的时候，他们能够学得更好"，费尔菲尔德中学的莉萨·波特说，"他们喜欢接受挑战，喜欢有权利去选择想做的事和自己的学习方式，但他们同样需要有被保护和支持的感觉，不论是在家还是在学校都是如此。"当我们渐渐允许女儿更加独立，向他们保证在任何情况下都会陪在他们身边，我们就"给他们自信去成为优秀的人，尽力做到最好"，莉萨说。

　　卡罗琳·莱恩是新南威尔士多里戈高中的成人学习联络官，她告诉我，与同龄的男孩相比，女孩在学校逐渐显示出更强的多重任务处理能力和组织能力。她们发展出时间管理的技能，比如在做兼职的同时还坚持学习，另外还有与人交往的能力，能体察到他人的需求。但是，擅长这些事情也会存在一定风险。在别人眼中，她们能熟练地搞定每件事情，所以她们经常需要独自处理所有一切事情——即使她们最后会感到焦虑和难以承受。"他们在学校或社团中需要得到强有力的支持，让她们知道自己不会被留下独自处理所有工作，"卡罗琳说。女孩需要得到保证，知道不会让她们独自承受所有负担。她们应该被鼓励，有自信去将任务委托给他人，并希望他人做好自己分配的那部分工作。

　　当女孩对自己的外表感到满意，并且有自信的时候，她们会成为更好的学习者。她们足以进行更多冒险，而且不在乎班里其他人对她们的看法。

　　　　琳恩，教师，两个女孩（一个14岁，一个16岁）的母亲

　　女孩很容易因为人际关系方面的问题分心。不管那问题是来自男孩、朋友还是家庭方面，女孩心里都会一直惦记着，通常这会影响学习。这是生活中不可避免的部分，因为即使作为成年人，我们自己也会为这些事情分心，但女孩们需要家庭的支持来帮助他们度过这种时期。

　　　　莉萨·波特，悉尼费尔菲尔德中学学生福利部部长

正确选择学校

为你的女儿选一所学校，这让人很有压力。甚至在她上学之后，你也许依然会怀疑这是否是正确的选择。如果你正在考虑到底要为女儿选择哪一所学校，或是正在重新评估女儿所在的学校，我推荐你看看以下内容。

选择学校的标准

积极向上的学校风气。学校的总体气质是否与你自己关于女儿应该就读的学校的想法相吻合？儿童和青春期女孩精神病学专家布伦特·沃特斯说："家长总是格外看重学校的名声和高考成绩，却不会费心关注学校风气，不去探究学校是否关注女孩素质的全面发展，这令我感到惊讶。"

良好的学习体验。优秀的高考成绩只是选择好高中需要考虑的其中一个方面。比如说，学校是不是仅选择或者吸引那些因为社会、教育或者经济背景而得到高分的学生？真正的考验在于这所高中能为学生带来多大改变。这所学校是否能加强学生的学习能力，抑或仅仅只是想挑选和吸引那些一定能够取得高分的聪明学生？

课程范围宽泛。选择那些不仅提供多种课程，而且还鼓励女孩们自信地选择所有课程，包括那些传统观点认为应该属于男孩的那些课程的学校。

强大的学生福利政策。你女儿的理想学校应该拥有前瞻性的学生福利政策，而不仅仅采取"纸巾盒"策略（该策略是指一旦遇到问题，只会拿出纸巾来擦眼泪）。你寻找的学校应该有培养学生的情商和适应力的计划，还有预防欺凌的计划，比如朋辈导师和同侪调解，还应配备专业的学校顾问和青年警察联盟。另外，还要考虑学校是否配备了特别导师来了解和关心你的女儿，这也许是一个年级教室（学生定期接受导师指导的教室）老师。

性骚扰和暴力政策。性骚扰可能以暴力方式进行，也可能以发送不雅和挑逗性信息的方式发生。查看一下学校是否有针对这类问题的相关政策。学校做了些什么来防止这种事情发生？同样，也要关注一下暴力性骚扰是否是这个学校所存在的问题，学校做了哪些事情来保证每个人的安全。

学生发挥领导能力的机会。女孩应该被给予尽可能多的机会来锻炼领导能力，所以要找一所让他们在高中的每个年级都能有发挥领导能力的机会的学校，而不仅仅是在高年级才会被选为学生干部。锻炼领导能力的机会可能来自于学生会、俱乐部、团队以及指导低年级学生。

家长参与的机会。即使你没有时间直接参与学校事务，但如果学校有一个教师与家长之间强大的关系机制，那么这就是一个好的信号，意味着学校有开放性、包容性的文化。

学习上的支持。如果你的女儿为她的某一门功课犯难，是否会有专家来给她一些额外帮助？

社区服务计划。参与社区服务对女孩是很有好处的。他们能够通过与学校、家庭和朋友圈之外的人群接触，从而扩大自己的人际脉络。这也能突显出给予的价值，特别是在这个人们永远都在索取的社会中。社区服务还能让女孩们知道社区的价值，特别是在这个人人唯我独尊的世界上。社区服务能够唤起对全球性问题的关注、正义感和同情及关心他人的能力。14岁的劳拉告诉我："在我的学校，关心地球和穷人是很酷的行为。这总是能给我们的世界带来好处。"

课外活动。学校提供的课外活动时间能够帮助你的女儿找到志同道合的朋友，发展她的个性，并且通过在课外取得的成功来建立起自尊心。所以，看看学校是否提供多种类的、你的女儿也许会感兴趣的课外活动。

职业教育。为了让职业教育真正发挥价值，它应该超越传统，而不是做个样子，仅仅进行为期一个星期的实践。一个成功的学校应该抓住机会，在每次课上都与真正的世界进行关联。

职员素质。或许学校教师的素质会对学习产生最大影响。当我问女孩们，什么是他们学习的最大障碍时，排在前列的因素有"对自己所教课程不够了解的老师"（爱玛，15岁）、"老师不太好"（艾诺，15岁）、"老师教学的方式"（艾诺，15岁）、"跟老师的个性不合"（费莉希蒂，16岁）、"不喜欢老师"（凯丽，15岁）、"跟老师吵架"（泰伦，16岁）、"不管老师说什么、做什么，我很顽固，不会为讨厌的老师做任何事"（艾米，15岁）等等。也许你很难评判学校教师的整体素质如何，但是你可以咨询这个学校其他孩子的家长，并尽可能地与学校老师多接触，比如充分利用学校开放日的机会。

员工流动性。如果你发现学校的教职员工曾发生过很多变化，特别是在一段连续时期之内的变化，可以进一步进行调查。这也许是学校内部存在问题的征兆。

费用。如果你要送女儿去私立学校上学，请确保自己从一开始就将其控制在预算之内。费用只会不断增加，特别是在高年级的时候，你不可能希望这变成沉重的经济负担。

当学校成为麻烦

也许会在某个时候，你的女儿在学校出现了一些问题，你认为她的老师并没有很好地解决这些问题，或者其实老师才是导致这些问题的人。这将是一个令人情绪容易波动的时期，不仅对于你的女儿是这样，对你来说也同样如此。但是如果你全副武装冲进校园，冲着老师开火，也并不能解决问题。这时候，需要你做个深呼吸，保持清醒的头脑……从内部人员那里了解情况。我问过许多学校教职员，让他们给出关于如何解决在高中出现的问题的建议，以下就是综合起来的建议。

你需要做的第一件事是从女儿那里弄清事情的来龙去脉。等到一切尘埃落定，你们俩的情绪都不那么激动和焦虑的时候，再仔细探查女儿是如何陷入这种境地的，她有哪些委屈和不平。如果你认为记笔记能帮助你梳理思绪，保持清晰条理，那么就将事情写下来。如果你认为某个学生或教职员工破坏了学校规则，可以查找学校网站或日志，这样你就能更明确学校的规则是什么。

然后，如果你感到担心，需要与学校谈谈，请拨打前台电话，做一个跟老师的个人预约，或者直接在电话上进行讨论。学校工作很繁忙，老师不可能立刻跑过来接听你的电话——或者更坏的情况是——老师也不会在教室门口接待一个不速之客。与打电话给前台相比，你也许更倾向于直接给老师写电子邮件进行预约，这也是个不错的主意。给老师足够的时间来准备与你的见面。"在大多数学校里，年级顾问能从老师那里收集关于孩子的行为、进步和总体表现的信息"，费尔菲尔德中学的莉萨·波特说。她建议，你应该给学校至少一个星期时间来收集这些信息（或者其他相关事实，依具体事件需要而定）。

当你开始跟学校谈论此事，要确保将你的控诉或忧虑表达得尽可能清楚，尽可能地保持冷静，确保将学校职员的话听完，让学校有机会把自己这边的情况表达完整。"保持开放心态的同时，保护你的女儿"，这是悉尼洛雷托诺曼赫斯特的精神关怀和社会公正协调员玛格丽特·塔博尔达给出的建议。"最重要的是，即使你的女儿真的做错了什么，一所好学校会和家长一起努力，而不是仅仅针对家长。"

如果你认为自己的忧虑没有被学校认真对待，你也许需要和别的教职员工做进一步努力。"将事情跟与你讨论的第一个人解释清楚"，玛格丽特·塔博尔达说，"因为有时候与你谈话的第一个人并没有时间或权利去做这些事情。"

如果你无法解决女儿学校的问题，她也感到无比痛苦，同时你也对她的教育、安全或福利十分关心，那么不要害怕，换一所学校吧。我知道这听起来像是天方夜谭，但是在一所学校表现不断下降的学生在更换学校之后，也许反而能让生命之花绽放。在我跟问题学生接触的过程中，我认识了一个青春期男孩，他当时处在被学校驱逐的边缘。这个学生意识到，他需要在学业上做出正确的转变——但是他的旧学校对他而言就像一个牢笼，老师期望他做出很坏的行为，他的朋友们也不断地把他拉回原来的老路。所以，他离开了在悉尼的家，住在新南威尔士州北岸的祖母家里。这个转变是他所需要的。他的情况变好了，在一年之内，他成为了新学校里的学生领袖。

行动计划

保持沟通交流通畅

对女儿的学校生活表现出兴趣——但是要理解她也许很疲惫、饥饿或者在刚进家门的时候没什么聊天欲望。萝丝，13岁，很爱她的妈妈，却总是跟她吵架，因为"当我从学校回到家，她想和我聊天，问我在学校的情况，但我真的累了，而且我已经这样过了一天，不想再重复讲述一遍了"。

同样需要记住，有一些事情是你的女儿不愿意跟你谈论的。她也许需要"一个阿姨、一个大姐姐、顾问或者导师"，费尔菲尔德中学的莉萨·波特说，"但是如果她不是每次有事情都第一个想到你，你也不要觉得受伤。这并不意味着她不爱你！她也许只是不想让你担心。"

帮助你的女儿学习控制自己的工作量

如果你的女儿在按时完成作业或是复习准备考试方面有困

难，和她一起坐下来，帮她找到能学得更好的方式。作为成年人，我们知道如何将事情控制在既定轨道之内——也许大部分时候都是这样——但是女孩们在这方面有时候需要一些帮助。很简单，你可以向女儿展示如何有效使用日记和日历，或者如何将任务列出清单，然后再一项项划去。

帮她培养良好的学习技巧

大部分学校都提供关于学习技巧的课程，但是如果你的女儿依然苦恼应如何最好地完成作业、做摘要或者复习考试，你可以跟学校谈谈，看学校是否有额外资源可供使用。你也许想在校外启动一个学习技巧计划，如果你的女儿已经培养出学习所需的基本技巧，那么这个计划就值得投资。抵抗住想帮女儿完成作业的冲动。你可能觉得自己在帮她，但这种好处只是暂时的，如果她不自己掌握良好的学习技巧，她在今后会遇到更多问题。

鼓励知情的冒险

当你的女儿想在学校尝试一些新事物——比如选择一门其他课程，参加辩论队，参演学校音乐剧——给她积极的反馈，就算她也许不会成功。这是你的女儿探索新领域、发现自己的兴趣和长项的机会。在这个过程中，她也许会犯一些错误，遭受一些挫折，但是学习应对失望也是成长的一部分。

突出知识女性所取得的成就

我承认，当我的女儿为数学苦恼时，我曾经对她说："你就像你的妈妈一样。我们都喜欢阅读和写作，但同时觉得数学和科学很难"。就该这么做，丹妮。我为泰雅传递出了怎样的信息？这跟芭比娃娃传递给女孩的信息是一样的，在1992年，芭比娃娃说的第一句话是："数学课真难！"这是多么狭隘。在历史长河中，女性在所有领域都取得过卓越成就。抓住每次机会提醒你的女儿，有很多女性在学术上成就卓著。帮她在课本中找找那些描述女性在科学发现、文学世界和政治事件中有所成就的内容。当男性无心探索的时候，这些女性在做什么呢？当你的女儿拥有选择权时，鼓励她选择女性作家或者女性英雄来做作业和书籍阅读的主题。

即便你传递给女儿的最简单的励志信息也能在她身上产生长期影响。瑞秋现在已经是一个成熟女性了，15年前，她是我所执教的高中班上的学生。她说，"我依然记得，10年级时，我走进你的班级所注意到的第一件事：在黑板上面贴着一张纸，上面写道'女孩也能成为工程师'。你的班级是少有的让我相信自己能成就一番事情的班级。"

精通技术

所有年轻人在上中学时应该掌握基本计算机技术，这是最基本的。如果你的女儿在这方面有困难，让她参加一个短期培训班。你也许甚至要和她一起参加培训。

找回平衡

女孩们频繁提到的一些学习障碍有缺乏睡眠、饥饿和压力。我能肯定，每个人都会觉得青春期女孩现在就开始遭受这些压力是很悲哀的。但是很多职业女性在面对每天的工作时，也会面临类似的问题。正如我们需要忍受其它事情一样，我们通常不去理会这些问题。为了做到最好，你和女儿需要良好的夜间睡眠、饮食平衡、控制压力（更多细节，请参照附录2）。鼓励你的女儿形成更加平衡和可持续的生活方式，最有效的方法是和她一起按这种方式生活。

请牢记

我热爱学习新事物。

我有成功的潜质，我对自己的能力充满自信。

第
九
章

女孩的职业生涯

自从我在著名电视节目"*60 Minutes*"上亮相，并谈论我目前正在做的鼓舞青春期少女的工作之后，我参与了一场观众在线互动。一个观众问我："所以，你是在创造一个又一个小女权主义者吗？"

我回答道："希望如此！"就算放在现在，我依然会这样回答。

"女权主义"已经成了一个新的"不雅词汇"——一个有侮辱性的、在讲礼貌的公司不会出现的词。一直以来，我总是听见

年轻女性这样说："我并不是一个女权主义者，但是……"

女权主义是一种信仰，相信女性应该获得平等。这真的是一个如此偏激的概念，以至于我们需要去否认它吗？

或许事实的确如此，因为女性在争取社会平等和尊重方面取得了如此长足的进步。当我们的女儿们参加工作之后，她们不会碰到不可逾越的性别障碍。在仅仅十年之前，这道障碍还存在着，女性的未来是早已被规划好的。上学，然后工作几年，结婚，生孩子，做家务——这是一代又一代女孩的生活路线，不管这到底是不是他们梦想中的生活。现在，我们的女孩们拥有许多选择。他们拥有上一辈流传下来的反对性别歧视和性骚扰的法律，以及保护妇女在生育后保留工作职位权利的法律。人们相信，在这个国家，女权主义的工作已经完成，或许女人们觉得这个"不雅词汇"是对一个远去时代的令人尴尬的倒退，这个词应该从我们的词汇表中清除出去。

别那么着急！

我们的女儿们将来在工作中依然会面临障碍。这正是我们在整个成人生活中一直在尝试去一点一点消除的障碍，没有哪个政府能将其瞬间摧毁，也没有哪个法院能制定法律将其彻底消除。它们更加隐秘，更难控制。我们的女儿们将要面对的障碍广泛地存在于人们的思想中。它们是雇主对男性和女性存在的错误想法；关于什么是女性的工作、什么是男性的工作的陈旧观念；对于照顾幼儿的僵化看法；一个无法让工作和家庭保持平衡的公司文化；一种根深蒂固的不自信，让许多女孩和成年女性不敢展示她们真正的才能，或者尽管她们已经很成功了，也不敢在工作中为自己进行谈判。

这些误解和陈规都是女性的薪水依然落后于男性的原因。平均来看，每个女性的周薪是男性的84%。这种不平衡一开始就存在：当一个年轻男性大学毕业，他的期望薪水能达到45000美元，而当女性毕业后，期望薪水只有42000美元。这种模式也被带到商业高层中间，女性财务总监的平均薪水要比同样职位的男性少51%。（我不得不将视线再次拉回到这个数据上，第一次时我确实把它看错了。）一条线索也许能帮助解释男性与女性之间薪水的差别：在商业高层中，女性依然是绝对的少数。在澳大利亚股票市场索引提到的全部200家公司（也就是ASX200）中，2006年，这些公司中只有6名女性CEO。最后，一点也不令人惊讶的是，女性遭受性骚扰或者在工作中受到性别歧视的概率远比男性要高得多。

如果为了试图矫正这些不平衡而做出的努力会让我成为一个女权主义者，那么我很乐意被人这样称呼。我的女权主义欢迎任何支持"女性是拥有权利的人群""所有人在生活中都应该有公平的机会"等观点的人。当然也绝对欢迎男性的加入。

就算你自己不喜欢使用这个"不雅词汇"，但我知道你希望女儿拥有最好的未来。年轻人在做出自己的决定时，总会得到大把信息，在学校选择正确课程，选择正确专业或者正确的职业途径时面临巨大压力。与我交流过的很多女孩都在筛选工作和学习机会时感到压力很大，同时，当他们还在学校上学的时候，就已经开始衡量做兼职的利弊了。这一章致力于提供你能做的事情来帮助你的女儿从迷宫中找到自己的路。本章中会看看到底是什么阻碍了年轻女性应得的职业成功，我们又能做些什么来帮助我们的女儿（还有我们自己）在职业生涯中找到成就感。本章赞扬了这一代青春期少女和成年女性身上具备的所有令人惊叹的才华和品质，并对我们应如何增强它们、与世界分享它们给出了建议。

当一个少女最好的事情就是有更多责任去发现外部世界的真实面貌。

杰西卡，15岁

作为一个十几岁的女孩，让我有机会在踏入令人恐惧而又让人兴奋的成人世界之前，发现自己是谁。

克里斯腾，17岁

做一个青春期女孩最棒的部分是拥有全部的未来，生活最好的部分就在前方。

艾米，16岁

欢迎来到男人的世界

高节奏的工作不一定符合每个人的期望。一些女性选择成为全职妈妈，这肯定是世界上最难做的工作了；一些人在外面工作，但却对升职不感兴趣。同时，也有女性想要进入董事会，在管理岗位上工作，但却发现自己的职业发展一直止步不前。女性在职场高层中只占很低的比例，这种现象的产生不能简单地归因于有许多女性选择扮演社会的其他角色。事实上，联邦政府的女性平等就业机会机构（EOWA）在已工作的男性和女性中间进行了一项调查，结果发现女性和男性都同样具有进取心。还有一点值得注意的是，双方都认为在工作中男性要比女性发展得更快，女性并不总是能够因为做出更多贡献而得到相应的晋升机会，男性与女性之间的待遇并不平等。在许多情况下，澳大利亚的工作场合就是男人的世界，几乎一半——43%——的工作女性是这样认为的。可能会令你感到惊讶的是，男性中接受这个观点的占到46%，比女性更高。

女性总是感到，为了得到认可，在做同样的工作时，她们需要比男性更加努力。一旦被男人的世界排除在外，她们就更难得到发展。调查中的一名女性总结了许多人的经验，表示她工作中的男同事"联合起来，互相提拔"，而女性总是"一个人在战斗"。

"男人的世界"这种工作文化使男性得以不被区别对待，也方便他们对女同事进行性骚扰。我们总是听说各种悲剧性的性骚扰事件，甚至自己就经历过：一名女性在面试后没有得到工作机会，反而遭到了男性面试官的骚扰；一个得到晋升机会的女性在宣布自己怀孕的消息之后，晋升被取消了；一名女性要求男性把他们在办公室墙上贴得到处都是的色情杂志图片揭下来，却遭到了他们的嘲笑。欺凌和骚扰也可能来自别的女性。在办公场合，女性对其他女性的冷嘲热讽是很有杀伤力的："你肯定跟他上床了"或者"长一双不错的腿还是挺有用的"，一个女性可能会对得到晋升的女同事说出这样的话。EOWA调查发现，竟然有1/10的女性由于遭受欺凌或者骚扰而离职。青春期女孩，他们没有相关经验，在工作中缺乏力量，因而格外脆弱。

在工作中，女孩和成年女性应该站出来互相支持，这一点不管是过去还是现在都同样重要。

工作的妈妈：赚钱者、大厨和清洁工

几乎每个工作的成年人都感到，与目前情况相比，他们需要更多的时间与家人相处。他们因为经济压力和必须完成的工作量而不堪重负，这些东西让他们不得不离开自己爱的人，也无法参加那些与工作无关的、能让自己保持聪慧的活动。我们能够知道这些，不仅来源于与其他忙碌的工作者的对话，也来源于一些研究。女性不是唯一体会到无法花更多时间陪伴家人的痛苦的人，一项调查显示，几乎70%的男性也感到自己没有花足够时间陪孩子。另外一项调查发现，60%的人感到，因为工作自己错过了许多身为父亲的喜悦。

虽然男性和女性渴望能有更多时间在家，与家人相处，但是当在家的时候，女性和男性把时间用在了完全不同的事情上。职场女性不仅在公司工作，在家也是如此。女性要负责大部分做饭、洗衣、换尿布、洗澡、穿衣、美容、去超市购物、组织大大小小的足球赛或网球赛、上音乐课、办生日派对、学校音乐会、预约医生等等家庭琐事。女性和搭档每个星期花费将近30小时在

家务劳动上。他们的男人呢？他们一半时间用在家务上。即使在
夫妻两人都全职工作的家庭里，女性每周也要用7个多小时来进
行家务劳动。艾米丽·马奎尔在她的《公主和色情演员》一书中
写道：

"在刚过去的半个世纪中，女性的专业地位和法律地位得到
了巨大提升，可是在社会上、在家庭中，我们却并没有取得什么
进步。评判我们的第一标准依然是我们是否遵从了性别准则，这
准则早在1955年就被驳倒了。尽管我们需要女权，但一直以来都
听闻女权主义已经是过去的事了。"

在她提到的"准则"中，女性是操持家务的人，男性则负责
赚钱养家。我们会陷入一个自我循环的怪圈之中。肩负照顾家
人、操持家务的重担，我们没有更多精力来专注于事业的发展。
男人则担负较少的家庭事务，能够更好地抓住晋升机会和新出现
的机会，这样也许会让女性在家庭中承担得更多。

这种情况必须停止，不仅是为了我们自己的职业生涯，也是
为了女儿的未来。我们的孩子通过观察我们的所作所为而进行学
习，这意味着为了做出改变，我们需要在家里树立起正确的榜
样，为了我们的女儿，也同样为了我们的儿子。如果你有一个不
愿意承担自己那一半家庭责任的伴侣，请改变对话内容：谈谈你
们孩子的未来。让你的孩子也参与进来，做属于自己的那一份事
情，男孩和女孩都平等地承担家务。如果你独自一人抚养孩子，
请获得一切能得到的帮助。长久以来，我们都被视为能做到一切
事情的女超人，潜台词就是我们应该承担一切事情。

　　平衡作为家长的角色让我感到很有压力。人权要从家庭开始！我相信做能够发挥自身价值的工作能让我成为更好的母亲，也能成为露西的更强的人格榜样。我试着让家庭成为一个不会让人感到愧疚的地方。

　　伊莉莎白·布罗德里克，反性别歧视、反年龄歧视委员会委员

　　那些对于女性抱有陈旧的错误观念，误解女性照顾家庭的责任会对职业产生影响，从而在招聘时错误地规避女性的雇主，很可能忽视了澳大利亚劳动力中最具才华的一个群体。

　　女性公平就业机会机构

职业女性：
被践踏的底层，圣徒或者风格偶像？

　　我不买女性杂志。我在一段时间以前就放弃了这个自我摧毁的小小习惯，因为我受够了让人烦恼的读后感：我不像明星妈咪那样，对吗？喔，我不知道自己能不能/应不应该在下周减掉三公斤体重！也许我的确需要升级衣橱了……

　　可是，在出差途中我决定重新回到那个世界，在起飞前我拿起一本 *Vive*，这是一本"为商务女性打造"的杂志。那么，在这本128页的杂志中，我找到了多少给商务女性的明智建议呢？

　　——15种（没错，我仔细数过了）不同类型的抗皱霜出现在广告或者文章的讨论中，其中包括价值930美元的莱珀妮纯金面霜，写着"含有24K纯金"。（为什么要用金子？仅仅是因为我们能这么用？）

　　——有4页的篇幅是关于第7频道的造型师凯莉·斯迈思的专题故事。她听起来像是一个有天赋而且工作努力的女性。我的问题是这个故事暗示第7频道排名靠前的原因是明星们全都"为了成功而穿着"，凯莉一直在那里对他们的形象进行"审查"。还有比正确的穿着更成功的东西吗？

——有一份前超模、现在是法国第一夫人的卡拉·布吕尼的档案，根据杂志所言，她出名的原因似乎是她"曾经跟米克·贾格以及埃里克·克莱普顿约会过"。*Vive*提出，比起爱情生活，布吕尼还有更多值得一提的地方——如果真是这样，为什么还要反复强调爱情生活？

——该杂志的时尚栏目中的模特看上去不超过15岁。生理上，她只是个儿童：胸脯平平，四肢瘦长干枯，在一张图片中，她穿着受到70年代风格启发的海滩装和极高的复古楔跟鞋。噢，多么"职业化的女孩"啊！如果编辑了解她的目标客户——杂志上打满各种抗皱霜广告，消费群体定位在35岁以上的女性——那么除了让读者感到严重不满意之外，她想通过这个时尚栏目表达什么呢？

——食谱环节（你知道这一定是一本给女性打造的杂志，而且是为商业女性打造的，因为你不会在男性专刊"商业周刊"中看到食谱）展示了愚蠢而又制作程序复杂的开胃菜。哪个工作女性有时间仔细研究"石首鱼和鱼子酱"呢？"黑猪火腿和鹌鹑蛋馅饼"？我尤其讨厌杂志那篇充满罪恶感的文章，里面写到全麦饼干和奶酪现在绝对是必须拒绝的食物，就算是"意式调味饭球也已过时"。天哪，可千万别来这里。

我能不断地说下去。不要试着让我阅读那篇埋没在第114页的关于女权主义在今天的意义的表面文章，文章的题目叫做《不雅词汇》。

当我在阅读这本杂志的时候，脑海中出现的不雅词汇是——轻佻。

商业世界中的成功并不是拥有年轻的肌肤，保持苗条的身材，拥有大名鼎鼎的男友，极具风格的服装，以及做出绝妙的鹌鹑蛋馅饼。所以流行文化中什么才是真正成功的商业男性和职业女性的形象呢？男孩们以电影、儿童故事、小说、电视节目、封面新闻、广告里面的职业男性形象来作为榜样，激励自我。他们身上承载着父辈一代代流传下来的对于理想职业男性的期望。但是对于女孩和成年女性，在很大程度上，她们是在工作的过程中才逐渐建立起对职业女性身份的认识。这会让我们无意中制造出陷阱，并在工作中掉入自己的陷阱。由于可供参照的榜样很少，也无法得到充足合理的建议，女性也许头一分钟还在试着向她们理想中强硬的商业女强人的目标努力，下一分钟就开始尖酸刻薄，或者犯下童年时候的旧错——当我们因为自己是个甜心辣妹或做了什么好事而受到奖赏的时候。

一直以来，人们对女性身上应具有某些圣洁的特质的期待——比如谦逊、无私和服从——同样会将我们在职场中置于不利之地。一位来自美国斯坦福大学的研究性别平等的专家黛博拉·罗德这样写道："许多传统的女性特质让女性的不平等地位长久存在。"作为对抗手段，我将一句名言放在我的桌上，这是玛丽安·威廉姆斯的经典著作《发现真爱》（*A Return to Love*）中的句子：

"认为畏缩不前并不明智，这样你身边的其他人才不会感到不安……当我们让自己发出光芒，在无意间，也给予了别人做同样事情的许可。当我们从自己的恐惧中解放出来，我们的存在也同样可以解放他人。"

对于我们女性来说，很重要的一点是要为自己的才华和能力感到骄傲，更加坦然地谈论自己的成就。这不仅对职业生涯和日常生活有所助益，也同样能够激励我们的女儿直面自己的能力，让他们更自信。我们需要向女孩们展示：主动积极地晋升自己并没有什么不对，事实上，如果她们想要彻底开发潜能的话，这一点是至关重要的。

职场女性很容易感到向别人表达自己的价值非常困难。想要告诉老板和其他职场达人自己值得被肯定、被尊重、被重视、被晋升，是一件艰难的事。我们害怕被人看成是自负或者被当做一个小丑，担心别人觉得自己是个泼妇、是个自我的人。我们不想去冒被别人讨厌的风险。广告商知道女性喜欢穿高级服装，闪耀光芒，因为他们向世界宣告："嘿，我值得拥有！"但是在工作中，我们却很难告诉雇主和同事"我很有经验，技能熟练，值得得到你的尊重"。

我们生活在高度竞争的商业时代，招聘市场因激烈的工作竞争和个人工作协议的产生而改变。你和你的女儿需要习惯于加强技能，与他人谈判，这会越来越重要。只有你询问、期待，找到好工作，获得高薪水之后，你才会真正知道自己的市场价值。

有优越感的一代

多么希望寻找一个合适的职业就像是决定我们想成为什么，然后把我们的红宝石高跟鞋轻击一下那么简单。找到一个适合我们，给我们成就感，让我们满意的工作可能是一段漫长的过程。这中间会有反复和曲折，经历漫长而无聊的平原、风景如画的山峰，和沉寂的深渊。在路途中我们不可避免地需要完成一些无趣的任务，吸取许多教训。然后也许我们就忘了这些，然后将它们从头再学一遍。即使我们得到了梦想中的工作，也会发现这并不是我们真正的终点，只是一个分岔路，现在我们又有了新的目标，需要学习完全不同的东西。

我们中的大多数早在高中开始做兼职的时候就懂得了这些真相。但是，人们对现在这一代的期望却大大不同了。现在，我接触到的一些女孩身上有种更适合在30多岁的行政主管身上出现的优越感。我见过那种不懂得自己为什么应该从底层做起，再在工作中慢慢向上升的女孩。并不是所有女孩都是这样——但是已经足以引起我的警觉。

　　我可以坦白地说，我热爱自己做过的每一份工作，包括当保姆、酒店服务员和在麦当劳打工。每份工作都教给我一些有用的东西。比如说，在麦当劳，我学到了如何在团队中工作，如何激励和培训员工，如何招待顾客。我还在那里养成一种强烈的职业道德感，因为工作要求我必须非常努力。有优越感的女孩们认为，她们不需要做这些渺小的基础工作，因为这配不上她们。她们没有意识到的是，自己已经多么落后了。她们会在学习对今后工作成功非常重要的基本技能时被别的女孩抛在后面。对于潜在雇主来说，最能打消他们兴趣的也许是她们的态度。

　　米雅·弗里德曼，仅仅24岁时就成为《时尚Cosmopolitan》的编辑，她可不是从被窝里爬出来，然后穿上光鲜亮丽的服装，踩着恨天高就直接走到这个位置上的。如今，在有优越感的一代中有太多女孩觉得自己应该也能做到这些。19岁时，她雄心勃勃，开始自己的职业生涯，而且在刚工作时，乐于帮人取邮件、倒咖啡。如果她需要帮去吃午饭的前台小姐值一会儿班，她也很开心，全神贯注地去做，只是想在那里"呼吸新鲜空气"。当她成为一个编辑之后，她和其他想要寻机进入竞争激烈的杂志行业的年轻人一起做出了特别的努力。"我坚持认为，应该有一个有条理的计划，让他们能够全面了解一本杂志是如何运作的，"她这样写道。

　　不可避免地，这会包括一些无趣的任务，因为每个工作都有太多太多无趣的任务需要完成。在每个阶段都会有。

　　经过这些年，我开始注意到一些（并不是全部）学生在态度上的转变。感激的态度渐渐被优越感和不合理的期待所取代。

过了几年，在离开杂志之后，一天早上她正在翻阅报纸，惊讶地发现在一篇描写其他杂志编辑的文章中提到了自己：

故事的主题是，杂志业显然因为一些在网络上的匿名谣言而陷入了"精神错乱"。

其中一个谣言——你正准备坐下吗？——是"米雅·弗里德曼指使一个有工作经验的人去给她的儿子买一只香蕉"。

这是许多例子中的一个：有工作经验的学生和初级职员对于自己被要求去做某些让他们感到配不上自己的工作而感到不耐烦。米雅的一个朋友让一个年轻人去帮助服装助理拿些衣服，他们拒绝了，亮出了永恒的底线："我拥有一个学位，我不是下等人。"

这的确显示了自尊心——但是，这种毫无理由的过分讲究看起来更像是自恋。我们需要支持女孩们的自我价值感，但这并不意味着她们不需要在现实中进行基础训练。在多数走到顶峰地位的职业女性背后，都有多年的努力、坚持工作以及人际网络的建立。

即便是那些选择在人们眼中看来是光鲜亮丽的行业中工作的女性，也要把时间用来工作，工作高于一切，而不是整天光鲜亮丽。玛琳达·尼尔森是澳大利亚的著名化妆师，并为大明星设计造型。"在我开始学习化妆之前很长一段时间，你都能发现我在化妆品柜台工作，"她说，"那些年为我现在做的工作打下了基础。在那里我学到了真正的手艺，因为……它给我大量经验，不仅是在如何化妆方面，也在与人建立联系方面。"在得到认证资格后，她的很多学生都不知道应该去哪里，慌乱踌躇着，拼命努力在高度竞争的工作中寻找自己的立足之处。

　　"我坚持一个信念，你要喜欢自己周围的人，"玛琳达说，"所以我发现成功的人……我开始协助澳大利亚一些顶尖的化妆师。为了进入他们的世界，我能付出一切——我清洁刷具，帮人拿包，也获得了一些难得的机会。我开始发展自己的顾客，建立关系网，这帮助我进入这个职业。"

　　索菲·约克，出庭律师(在英国有资格出席高等法院进行辩护)、演说家、作家、四个孩子的母亲，她表示同意："我第一份工作是零售商人……我刚开始做律师助手时，感到很大压力，但我并不后悔自己的选择，因为通过这个角色，我懂得了很多关于人和人性的本质。在那里工作，我接触到了以前几乎没有见过的生活的另一面——无家可归的人们，毒瘾——这让我产生了强烈的同情心，并且在后来的法律职业工作中一直持续着。"

　　艰巨的底层工作不一定是件坏事。即便是那些看上去"配不上"你的女儿的任务也能教给她有用的技能，更不用说给正在寻找态度端正的员工的雇主留下深刻印象了。但是，你的女儿也不能让自己被任意剥削。如果她被要求去做一些让她感到不舒服、危险或者轻佻的事情，她应该质疑这种要求，划定自己的底线。

选择哪种职业？

　　只有你女儿自己才能做出艰难决定，选择她在毕业后想做的事情，但是你也可以通过一些途径来给她帮助。你是女儿最大的榜样，所以，当你发现她在做出关于学业和职业的决定时，会转而在你身上寻找答案，不必感到惊讶。提供你自己的经验——不论好坏——可能会帮她做出自己的决定。这时，一场自然的、持续的双方对话是非常重要的，千万不要说教。你的角色是帮她找到自己的正确道路，所以请保持开放的思想。

　　了解你的女儿对什么工作感兴趣，然后考虑一下你如何才能帮她发现更多感兴趣的工作。如果你认识正在从事你女儿感兴趣的工作的人，看看能否找机会让他们见面，这样她可以询问别人是如何踏入这个领域的，工作的好处和坏处各是什么。亲身经验是了解一个工作的最佳途径——而且写在简历上也会很好看——所以如果你的女儿有机会能在你朋友的工作中做些事情，不论有没有薪酬，鼓励她去尝试。你的青春期女儿在校外参加的活动，比如体育运动和其他兴趣爱好，都会成为寻找适合他们的工作的

线索。也许你的女儿还有一个特殊的技能或者天赋值得培养，帮
她找到理想工作。

了解你的女儿对什么工作不感兴趣，这也很有价值。我学过
的一节关键课程是：你能够做的未必就是你该做的。这是刚毕业
的年轻女性很容易陷入的一个误区：得到一个很棒的offer，就感
到兴奋，飘飘然，就算自己的心思和灵魂并不在这上面，也依然
接受这份工作。其他女孩在大学学习热门专业，比如医学，仅仅
因为他们考分高，为自己在竞争中胜出而无比兴奋。玛琳达·尼
尔森提到"拥有关于所从事工作的天分非常重要，但仅凭天分想
要在竞争中胜出是远远不够的。首先，我认为你需要对自己正在
从事的工作具有热情，否则当面临挫折时，你会失去希望。如果
你对工作有热情，就能坚持不懈，面对困难也不会轻言放弃"。

所以不要忽视你的女儿对哪些工作提不起兴趣。如果她试着
做了兼职或是实习工作，却真的不喜欢或是做不好，试着与她讨
论为什么这份工作让她感到扫兴，这样也能帮她更精确地找到自
己适合的职业。

不要忽视学校里可供利用的资源，在社会中也是如此。找
一个时间，和女儿一起去找学校的职业顾问谈话，这是一个好
的开始。

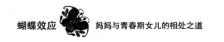

如果我的女儿想提前结束学业怎么办？

　　当我在上高中时，有差不多1/3的学生在10年级之后就离开学校，开始全职工作。我的大部分朋友都在这时离开，去从事一些很棒的工作。但是，世界从那时起发生了变化，再也没有令人满意的、适合提早离校的年轻人的全职工作机会了。大部分青春期女孩只能找到兼职工作，15至24岁之间的人要比24至54岁之间的人失业率高3倍。今天，年轻人应该完成高等教育的第一年学习或者进行同等水平的职业资格培训，这是最低的要求。

　　你的女儿也许会抱怨在学校学到的东西跟社会很脱节，说她在"真实世界"里会更开心。学校教育中的确有许多"不真实"的元素——但正是这些元素能够让青春期女孩获益匪浅。学校是一个普遍教育的场所，允许年轻人犯错；真实世界就不是这么宽容了。渴望离开学校的学生总是在几个月后回访学校，表示对自己的决定充满后悔，在新的工作场合，他们感到失落和孤独。他们想念朋友们，想念能够整天和其他年轻人在一起玩的日子。

　　"我认为，对于早早离开学校的女孩来说，这是很有挑战性的，因为她们还没有适应任何别的地方"，莉说，她的女儿很早就离开学校，去了工商职业学院。"她学校的朋友们都沉浸在各种考试和八卦中，当然，她已经不再是那里的一部分了，同时她办公室里的女孩年龄比她大得多……一段时间之后，她看起来似乎无法适应任何地方了。"

最后，选择权还是在你女儿的手上。如果她坚定不移地要求提早离校，鼓励她考虑把学校学习和一些实用的、付费的培训结合起来。有许多职业教育和培训计划（VET）能通过在学校或是函授的方式进行。

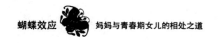

当今职场中最重要的技能是什么?

没有什么东西能像工作那样对生活产生影响，我们的女儿在职业生涯中很有可能会更换好几份不同的工作，就像我们中的很多人一样。这意味着为了在现代职场中获得成功，我们需要保证自己具备基本技能以及各个行业的雇主都在寻求的品质。这个就业能力表是在教育科学与培训部、澳大利亚工商总会以及澳大利亚商务理事会的基础上编写的。

8种就业基本技能

沟通能力——倾听和理解别的同事以及客户；良好的读、写能力；有自信。

学习能力——在实际操作场合注意学习；愿意在任何环境下学习；控制自己的学习计划。

技能——拥有基本技能；愿意学习新技能。

团队合作——与不同年龄、性别、种族、信仰的人合作愉快；作为个人和团队成员都能做好工作。

计划和组织能力——掌控时间和优先顺序；与他人协调的能力；计划的能力；收集和组织信息。

解决问题的能力——面对问题，给出有创造性的解决方案；用数学方法解决问题。

自控能力——控制自己的时间和事情的先后顺序；积极主动；作出决定。

进取心——适应新的环境；足智多谋，有创造力；发现新机会。

雇主最赞赏的个人品质是忠诚、可靠、重承诺、诚实、正直、热情、正义感、关心他人、抗压能力、积极、适应性强、良好的职业形象、有常识、积极的自尊心和幽默感。

想要开辟自己事业的年轻人需要了解的不仅仅是公司所需的技能，他们需要信心来用确保自己完全地、有创造力地投入职业生涯，需要信心来找到希望和雄心，来保持自己的认知。创造力是商业的核心和最具挑战性的部分。

我同样也喜欢看到企业家精神——与管理力截然不同——被教给年轻人。但是首先我们有责任教会儿童批判性思维，去区分来自娱乐、广告和政治宣传的信息，去信任和发展自己的直觉。

琳恩·普雷斯顿，Wild Child公司创始人，

2007年Telstra澳洲年度商业女性

正是由于我建立的人际关系网络让我拥有了最多的机会，为我的职业生涯打开新的天地。真诚地对待他人。大部分人都能灵敏地识别出虚情假意。所以请真心实意，按照你希望别人对待你的方式来对待别人，即使这样做很困难。这会增强你的适应能力以及内心的力量，这些都是很伟大的品质。

玛琳达·尼尔森，化妆师

行动计划

这份行动计划目标在于帮助你的女儿选择合适的职业道路，但是如果你正准备重新回到职场或者重新设定职业方向，也许会觉得这对你也同样有所帮助。

建立一个"就业所需技能文件夹"

这是一份关于你的女儿在学校、家庭或者在兼职工作（包括有酬劳和无酬劳的）中证明8种职业所需技能的记录。我建议你把这些内容告诉女儿，越早越好，并且将它们保存成一份文件，这样她可以定期进行更新。比如说，在"计划和组织能力"下面，你的女儿可以记录一次学校小组作业，其中她需要给其他小组成员分配任务；在校外成立一支乐队，并为此招募新成员；做兼职工作时，在连锁快餐店组织一次儿童生日派对。

有规律地更新技能文件夹能够增强你女儿的自信；当她需要申请工作的时候，她将会有一笔能够证明她的成就和技能的财富。从小时候就开始在家里强调拥有就业技能的重要性。向她解释，做她自己的一份家务不仅是一件光荣的事，更是发展团队合作能力、计划和组织能力的良好方式。

建立了属于自己的技能文件夹的母亲们同样也感受到了激励。当他们在找工作或者寻求晋升机会时，拥有一个技能文件夹是很有帮助的。了解雇主们需要的技能，并且拥有我们已经具备这些技能的证据，让我们在面试或是谈判薪酬的时候能够有话可说。

当看到女孩和成年女性的技能文件夹时，我对于他们能得到的机遇持乐观态度。雇主所寻求的许多职业技能和个人品质都与情商密切相关，研究显示，这恰是女性擅长的领域：我们天生就有较强的人际交往能力，善于控制自己和他人的感情。发展更好的自尊和自信不仅能让我们对自己感觉更好，也能让我们更容易找到工作！

培养你女儿的独立性

有惊人数量的家长为自己的青春期孩子寻找工作，刷新工作页面，以孩子的名义打电话给公司。请不要尝试做这种事。你的女儿需要学会更加独立，掌控自己的职业道路。如果她手忙脚乱，遇到困难，那么最好这种情况在这个时候出现，而不是到了二十几岁再出现，因为那时需要付出的代价更高。想象一下，如果你是雇主，接到一个来自候选人的妈妈的电话，你会觉得那个年轻人不够成熟，并且不积极主动。

写一份很棒的简历

雇主也许每次在发布招聘信息之后都能收到成百上千的申请。他们不想看太多信息，也不想看到难以阅读的简历。一份简历应该不超过两页，使用简单的12号字体，黑白打印。你的女儿应该在简历中囊括以下内容。

简历的关键点

联系信息——如果你的女儿有个看上去很轻佻的邮件地址，比如partyprincess@hotmail.com，让她重新申请一个更专业化的、能用于工作申请的邮箱。

求职目标——一些简单的词句，比如"希望在积极的环境中工作，能够做出自己的贡献并且与他人分享自己对于学习和工作的热情"。

教育经历——首先应该写明她目前的年级和所学专业。然后她应该列出培训课程，比如急救、文字处理等。

获奖经历——这里不仅应包括学术上的成就，还应包括任何课外活动（比如体育或者舞蹈）中获得的有意义的奖励。

实习经历——所有有偿和无偿的工作经验。

兴趣爱好——你的女儿应该仔细考虑如何描述她的兴趣爱好，比如"现场音乐和跳舞"就比"去锐舞派对"听起来强多了。

核心技能——在招聘广告中提到的核心技能应该在此处加以

强调。这就是"就业所需技能文件夹"的珍贵之处了，你的女儿可以在这里得到参考。举例来说，如果招聘广告提到申请者需要有良好的沟通能力，"核心技能"中的某一点也许会这样写道：

"沟通能力

在学校我参加了各种活动，这让我练就了良好的书面和口头的沟通能力，包括辩论、公开演说、写信和写文章。当我在RSPCA做志愿者时，协助向公众散发小册子，给他们提供关于如何更好地关心自己宠物的建议。RSPCA的职员总是很喜欢与我交流，我乐于向不同年龄和背景的宠物主人解释相关信息。"

证明人——书面参考已经很少见了，所以在联系人信息中应该包括两个或三个有责任能力的成年人来证明你的女儿确实参与过某份工作（有偿或者无偿的）或在学校就读、参加过某个团体（比如体育社团或辩论队）。

不要忽视求职信

求职信是雇主对你女儿的第一印象。就像简历一样，求职信需要简洁明了，不要过度修饰和堆砌。它得简明扼要，直接切题——长度绝对不能超过一页——应该简单指出她是如何满足招聘条件的。另外，在网上发布的招聘广告是没有联系人姓名的。在这种情况下，鼓励你的女儿给公司打电话，找到做出招聘决定的人的名字，将求职信发给他。如果这无法实现，她应该避免不正式的、网络时代的问候方式"Hi"，改用"亲爱的HR"或"亲爱的招聘经理"。

为面试做准备

事前准备是关键。你的女儿需要学会如何独立地准备面试，所以这是作为母亲需要在旁边给予指导和支持的时候，但不要自己全都动手帮她完成。一份核对表能够帮助你的女儿更有条理，在去面试的时候准备充足。

面试前的核对表

了解这个公司——这个公司制造和销售什么，或者提供什么服务？

了解这个工作——这个工作需要你做些什么？这个工作在公司中是什么角色？

准备好应聘材料——确保面试时你带着一个文件袋，里面有：

简历

申请工作时使用的求职信

资格证书和学校记录

与工作相关的认证资格或者特殊奖励

书面参考，如果你有的话

可能与这份工作有关的工作或兴趣爱好的例子

了解如何到达目的地

反复检查公司地址

查询如何到达那里

查询公共交通时间表或者停车信息，至少提前十分钟到达

如果还有疑问，试着走一遍，了解需要花费多长时间

计划你要如何表达自己

决定你的穿着，在面试前的晚上将衣服准备好。穿着符合面试场合的服装。不要穿"赶时髦"的衣服，也不要穿脏兮兮的牛仔裤和人字拖。

保持整洁、干净。梳好你的头发，指甲也要整齐干净（上面不要留有斑驳的指甲油），穿上干净的鞋子。

练习你的回答——为雇主普遍会在面试中提出的问题准备好清晰简洁的答案：

你对这份工作的什么方面最感兴趣？

你有什么特别的技能和能力？

你之前有过这方面的工作经验吗？

你对我们公司了解多少？

你参加过任何俱乐部或者社团吗？

你的业余时间有什么兴趣爱好、喜欢参加什么活动？

你的职业生涯规划是什么？

如果职位需要，你愿意接受进一步培训吗？

你如何应对新环境和新流程？

你对在团队中工作有什么想法？

如果有需要，你愿意加班或者在周末工作吗？

你什么时候能开始上班？

练习你的提问——如果雇主请你提问，问一些与工作相关的问题，不要问关于假期或者薪酬的问题。这会给雇主留下好印

象，让他知道你很渴望为公司工作。比如，有以下一些例子：

我的职业前景是怎样的？

我能够在将来接受进一步的培训吗？

我将在哪里工作？与谁一起工作？

这个职位会对我进行培训吗？

在面试中好好发挥

除非你的女儿神经很大条，否则她有很大可能会感到紧张和一点不确定。这些方法也许会有所帮助。

面试Tips

提前10分钟到达面试地点，给自己时间来集中思绪，检查外表。

关掉手机。

向前台接待介绍自己。告诉她你的姓名、约定的面试时间和面试官的名字。清楚礼貌地进行表达。当前台接待员告诉你应该在哪里等待，谢谢对方并且安静地等待。

向面试官问好，介绍自己。

微笑，准备握手。

进入面试官的办公室，等待在提供给你的座位上就座。

保持目光接触，这显示出你正在聆听，并且有自信、值得信任。

尽管你可能很紧张，但要确保你的手和脚保持静止，不要坐立不安，随意抖动。吸烟和嚼口香糖这种事，更是想都别想！

诚实、礼貌、清晰地回答问题，给予充分的细节。

永远要试着把问题转向有利于你的一面。这是展示你有能力、兴趣和经验来做这份工作的时刻。

不要对自己的成就感到害羞。如果与面试官提出的问题有关，那么就没有任何成就会因为微小而不值一提。

如果你没听明白某个问题，请求面试官明确问题，要比冒险做出不相关的回答强得多。

尽量不要在句子里使用"嗯""呃""怎么说呢"等词语。稍微停顿一下，仔细考虑问题，是完全能够接受的，而且会留下更好的印象。

在面试的最后，礼貌地感谢面试官。

在每次面试后回想自己的进步

面试看起来像是一场非赢即输的比赛。得到工作等于胜出，被淘汰等于失败。将一场不成功的面试看做一次学习机会，是很有帮助的。在每次面试之后，鼓励你的女儿对自己的表现做出评价。她觉得自己哪一点做得好？她认为自己下次能在哪些方面做出改进？一次失败的面试并不是浪费时间，而是一次在今后的面试中值得借鉴的经验。

把工作经验最大化

还有很重要的一点是，你的女儿应该知道，在过去的工作经验中，她并没有被给予最具挑战性或者最具魅力的任务。在律师事务所实习的一周中，她并没有站在法庭上，说"我反对"！她也许会被安排去收发信件或者打扫会议室。不过，通过积极的展示，你的女儿能够将她的工作经验价值最大化。如果她发现自己跟办公室离了西伯利亚荒原那样遥远的距离，也没有被分配任何有建设性的任务，她可以接近她的直接上级，礼貌地说"我真的很想在这个星期里锻炼自己的职业技能，有什么需要我做的、能锻炼能力的事情吗"？手头上准备一份8种就业基本技能的表单，能够坚定实习指导者对你的信心。

不要把志愿工作看成一种既能获得工作经验，又能扩大交际的功利手段。索菲·约克坚信，正是她早期接受的这种没有酬劳的工作让她不仅接触到了有时间分享自己智慧的导师，也让她得到了有趣并且报酬不错的工作：

"我认为早期最无价的东西就是找到了走在我前面的人。在职场中，很难有人会有时间去慢慢培养你，所以在义务劳动中我寻找着能把年轻人和曾在那里工作的退休员工联系起来的导师，然后就找到了。关键在于，你得思考一下：我能提供些什么？我能贡献什么？不要把金钱放在首位——要把学习和服务放在首位。如果你这么做了，自然就能赚到钱。比如说，在我职业生涯的早期，我自愿在大学中为学生的模拟法庭练习担任法官。这后来让我得到这所大学的有偿讲师的offer，同样，还让我得到了其他很棒的事情。"

为自己和自己的成就而自豪

跟往常一样，你能为女儿提供的最好帮助就是成为一个好的榜样，为你所做的工作而自豪。当你不小心脱口而出某些女性在对话中用来贬低自己成就的词句（比如"我只不过是一个呆在家里的母亲……"或者"这没什么，谁都能做得到……"）时，停下来检查自己。当你珍视自己的成就时，就已经给了女儿珍视她自己的成就的可能。

请牢记

我有许多技能和才华来送给这个世界

无论我选择做什么工作，我都会将它做好，并从中学习

结

论

不要压抑自己

　　有太多次，当我询问在启迪教育上过一次课的女孩，她们有什么感想时，一开始她们会说这"不过是另外一场关于自尊心的谈话"或者"无聊的说教"。然后，她们肯定会接着说，这个课程比他们想象中好多了，她们表示喜欢我们给他们的感觉；她们喜欢我们；她们被我们给予的爱的力量所激励。

　　我依然，而且将永远被它改变。这是我生命中唯一做过的真实的事情。丹妮，你的诚实、正直和对我们无瑕的爱将它无限放大。

托尼，16岁

起初我为"爱"这个词在女孩们的反馈中出现程度之高而感到惊讶。多么大胆的世界，那么大，那么亲密。

我开始相信，这是我们成功的最根本的秘密。没有伟大的、直接的、近在眼前的爱，就没有我们和女孩们之间的紧密联系，我们为了让她们的世界发生变化而做出的努力也就没有意义。我们的爱给他们提供了一个安全的角落，让她们开始探索自己的世界。

在这个充斥着性、消费和自我中心论的社会中，具有讽刺性的是，能够真正震撼心灵、让女孩们愉悦的，依然是那简单、老套的爱。有些人总是打断我对"爱"这个词的频繁使用，并且对于女孩在与我们在一起时自如随意地使用这个词而感到困惑。从什么时候开始，爱变成了一种羞于提起的事物？如果我们不够勇敢，不敢坦诚地、无悔地爱我们的孩子，将会付出怎样的代价？

爱是最终极、最特别的成分，是让本书中的建议和想法在家中得以实现的必备要素。为了与你的女儿建立真正的亲密关系，为了让本书更加有效，你的策略需要建立在爱的基础上。你需要感受一些东西，也让你的女儿一起感受。一些比想要变瘦、变漂亮、受欢迎、变性感的渴望更深入的东西。

通常，我们都会假设女儿懂得我们爱她们，我们对她们的爱出自本能，无需解释。然而，青春期女孩往往感受不到来自成年人对她们的爱的讯息，她们感受到的都是这个世界嫌她们难以控制、总惹麻烦、不值得被爱。少女时期的酸甜苦辣都是坏的回忆。在流行文化和成年人的对话中，她们总是翻着白眼认为，每个人都得忍耐十几岁的女孩子。在书籍、电影和电视中，青春期少女是女王蜂、追星族、面无表情、公主病、歌剧主演、贱女孩、惹事之王。

现在是时候从别的角度看待青春期女孩了。

她们有时也许确实像上面提到的那样。但是，她们还有别的方面没有被发现。她们是欢乐的、勇敢的、迷人的、有创造力的、聪明的。

当我观察青春期女孩的时候，我看到了：

——在我附近的冰激凌商店工作的14岁女孩，总是梳着辫子，头上戴着各种不同的发夹——有小马、骷髅、芭蕾舞演员，她的头发是一个永远不会枯竭的惊喜的源泉，也是小孩天真烂漫的游戏。

——我在Facebook上面的16岁的朋友，她的资料页面上写着，她喜欢Blu-Tack、Minties，喜欢《海底总动员》里的小鱼，喜欢Bubble O'Bill牌的冰激凌——还写了她对性别差异和学意大利语的感受。

—— 一个15岁的女孩，在被强奸之后，生下一个孩子。一个星期后，她出现在学校的嘉年华上，参加了体育比赛，并且还为同学们加油。

—— 一个13岁的女孩问我，在我那个年代，是不是也有化妆技术。

—— 一个14岁女孩寄给我一张她画的自己创造出的幻想世界，缠着让我帮忙联系出版界，因为她想创造自己的产品，"用一个书籍系列作为起点，然后把我的工作发展到电影和商业领域"。

　　—— 一个16岁女孩寄给我她自己写的诗，内容是关于真正的美丽是什么，以及她将如何对抗欺凌，重新成为一个阳光女孩。

　　请不要让砰然关闭的门、生气的沉默或是青春期令人抓狂的一面来蒙蔽自己发现女儿可爱之处的眼睛。不要被女儿所处的有害的文化环境分散注意力，因为这会让我们无法发现更重要的现实：所有女孩都有可爱之处。

　　不要害怕向女儿展示你对她的爱。

　　你能用这些简单的方式显示你的爱，在每天每个时刻，就像这些女孩的家长做的那样：

　　当天气变得寒冷，下起雨来，我从学校回到家，她已经给我冲好一杯热巧克力，还做了煎饼，并准备好了睡衣让我换上。然后我们舒服地裹着毯子，一起看了一晚上电影。

盖玛，16岁

　　我的妈妈会给我写令人惊喜的小纸条，有时将它们放在我的午餐盒里。我是那么爱它们，我把它们贴在学校日记里。我从来没有告诉她我是如此期待这些小纸条，因为她总是在这样做着。当我感到难过的时候，我就看看这些纸条，然后微笑起来。

米歇尔，14岁

　　我喜欢和妈妈一起去购物，在买了很多东西之后，我们会坐在咖啡馆里聊天。与她聊天让我感到很舒服，我们谈论关于我的生活、朋友等话题。我能信任我的妈妈，并且与她一起度过这样的时光，让我感觉很棒。

斯蒂芬，16岁

我喜欢妈妈抚摸我。这听上去可能很蠢，但我们俩都很忙，没有时间接触。当我们这样做的时候，我就感到回到了家。

盖玛，15岁

你也许会觉得，跟女儿建立一份良好的关系是一条漫长的道路。如果这对你们俩暂时还不起作用，无论如何，一定要爱她，也要爱自己。如果她有时并不可爱，记住，那些最难惹人疼爱的人，往往最需要我们的爱。16岁的斯蒂芬妮与我分享了她的智慧："我不认为你会因为她们的完美而爱她们，我热爱人们的缺点，这才是让她们能够与众不同的地方。"

不要遮掩那些需要向女儿强调的问题，划定底线也是爱的一部分。不要总是反复纠结在你们俩过去都犯过的错误上。

勇敢地向前走，去爱。

爱上缺点，和其他的一切。

附

录

1

写给青春期的自己的一封信

　　如果你能给青春期的自己写一些建议，既然现在你已经懂得了这么多，你会对她说些什么呢？我强烈建议妈妈们写一封这样的信。这个练习能够促使我们对自己的生活进行回顾，与青春期女儿找到共鸣，巩固我们拥有的智慧和力量。

　　当你写这封信的时候，提醒自己想想青春期的女孩是怎样的感受，在希望、焦虑、愉悦、悲伤、愤怒、沮丧和骄傲之间不断转换（这几乎时刻都在发生）——有太多情绪无处安放。回想一下你从那时开始所发现的事情，以及能传给下一代年轻女性的人生经验。

当我把这个练习放在博客里之后，许多女性与我分享了他们给青春期的自己写的信。它们是多么动人心弦、富有洞察力啊，比如梅林达的这封信：

亲爱的青春期梅林达：

你是多么有才华。你可以带着你的竖笛载歌载舞，去到很远的地方。如果你不知道自己毕业后想做什么，那也没关系，车到山前必有路。这件事并不像别人说的那样紧急。

但是，我非常关心你和什么人交往。是的，他们很有趣，是的，他们有趣得甚至有些滑稽，但一些人身上有某些非常严重的问题。你能意识到，这些问题有多坏吗？你知道我说的是谁。梅林达，你需要为此去咨询专家，他们也是。即使你认为自己懂得所有事情，你也太小了，无法给他们提供建议；这对于你来说太困难了。

享受跟他们一样的那种"乐趣"，会带来许多压力。你还记得你说过的话吗？你对自己说——也对每个人这么说——你永远不会碰毒品；你会等到结婚之后，才开始性生活。所以，为什么你还要跟做这些事情的人在一起呢？我知道，你觉得自己在帮助他们，是一个行为榜样，试着让他们停止这些行为。但你做不到。正如我说过的，这对于你一个人来说，实在太困难了。

梅林达，你卷入那种思考和行为方式中，是一个错误。仅仅因为他们看上去因为这些事情而快乐，并不意味着他们真的快乐。

你不需要男朋友。让我再重申一遍：你真的不需要男朋友。每次你交了男朋友，都会让你无法专注地做自己。那个男孩又怎样呢？你爸爸是对的，在这件事情上你应该听他的话。这话也许不中听，但是既然你爸爸要比你年长几乎50岁，他一定是懂得一些事情的。在那件事情上，他完全正确。

梅林达，把时尚、八卦杂志都扔掉，它们里面全是垃圾。它们是一个笑话。去找一个人来聊聊你的困扰和问题。

最后一条：不要忘记拥抱你的爸爸，告诉他你爱他。如果你不这样做，以后会后悔的，他不会永远都陪着你。

爱你的，梅林达

Ps.你一点也不胖，你一点也不胖，你一点也不胖，你一点也不胖……

我没有见过梅林达，但是她信中的青春期少女与我笔下的惊人地相似。这告诉我们什么呢？青春期少女感受到相似的压力——要变瘦、受欢迎、变性感。许多女孩觉得自己跟那些能够或者可能帮助他们的成年人完全分离开来。很多女孩冒险参与那些自我毁灭的活动。

同样地，这封来自赛琳娜的信提醒我一些女孩世界的真相：青春期女孩总是依靠别人来知道自己的价值，这种价值往往建立在性的吸引力上。

亲爱的青春期赛琳娜：

不要担心别人对你的看法。

并没有人规定你去露出大面积肉体。很多时候，你心里感到不舒服，并且也知道这样做不好。不管怎样，你这样穿是要给谁看呢？

你不需要男朋友。你已经认识了一些不好的人。相信你的直觉，克服自己想要引人注目的欲望。摆脱他们，在任何事情发生之前，请说NO！

你不碰毒品，也不酗酒，这真的很棒。但是请不要试图通过用无动于衷的冷漠态度来表现自己的酷，也不要用显摆自己在毒品和酒精方面的知识来装酷。不要嘲笑它们。这并不酷，也并不有趣。这很愚蠢、很悲剧、很危险。过量毒品会致人死命，你懂的。

你的父母爱你，他们曾经也是像你这样的青春期小孩。听他们的话，表现你的感激。好好照顾你的小妹妹，而不要跟她竞争。如果你不要考虑这些，她将会是你最亲密的朋友。

阅读一些关于媒介素养、形象外表、两性、友谊等方面的书籍。试着去理解这个世界是如何成为现在的样子的。试着想像世界如何能变得更好，并听听父母的看法。

学习心理健康知识。参加一个心理健康急救课程。留心自己和他人身上是否出现抑郁症或者其他问题的征兆。

练习当一个好的朋友。找到那些没有朋友的女孩，成为他们的朋友。一些你认识的女孩有严重问题，你甚至没有注意到。一些人不会活过20岁。

更多开心地笑。不要那么严肃。

进行体育运动，或者进行锻炼！！！这是对你未来的生命的馈赠。

最重要的是，保持谦虚。你是无价之宝，其他每个人也都是。你并不知道这些（以后你也不会知道）。但是一些人懂得许多东西！大部分人都能提供些什么。接受批评对于个人成长绝对是必须的。

热爱生活！

赛琳娜

你学到了什么？你能传递给别人什么？

写下来。传递下去。

附

录

2

冥想练习

　　在冥想练习中，你放松身心，在指导下踏上一场想象中的旅行。目标是将你的身体和心灵保持在冷静和可控状态。这是一种发展有控制的呼吸和想象力的方法，也能让你拥有更积极的外观气质。当我们保持冷静，把注意力集中在我们的内在思想和呼吸上时，我们加强了心灵和身体之间的联系。

　　冥想练习并不仅仅属于神秘领域。这种练习的效果已被证实。比方说，在职业体育中，种子选手事先在脑海中预演自己的巅峰表现；癌症病人用想象力技巧来帮助恢复健康。

　　我跟很多青春期少女交流过，她们都成功地在睡前运用冥想练习来作为放松身心、准备入睡的仪式。通常，青春期少女都睡得不太好，事实上，许多人甚至会失眠。在睡前进行具有镇静作用的积极的程序会帮助她们形成全新睡眠模式。

　　冥想练习有很多种类，这里我提供两种最基础的练习，以供你和你的女儿尝试。第一种是用来帮助你应对生活里的日常压力的，比如在学校或者在工作中遇到的压力。第二种帮助你应对欺凌和恐吓。

　　我建议你或者其他人大声地朗读冥想练习指南，并且录下来，这样你就能经常播放它来伴随你进行练习。另外一种方式是，当你做练习时，可以找人在旁边朗读练习指南。应该用缓慢而镇静的声音来朗读指南。朗读者应该适时停顿，以便你集中在你所看到、听到和感受到的事情上。平静的音乐或声音——例如小雨或者海洋的声音——可以作为背景音乐。可以点燃一根蜡烛，或者进行熏香，来创造一场感官之旅。

　　冥想练习最好在安静的、能让你彻底放松的地方进行，平躺，将手放在身体两侧，或者舒服地坐着，挺起胸膛——不要驼背——保证能够进行深呼吸。穿宽松的衣服，确保你身体的舒适，不要太冷，也不要太热。

　　你也许希望使用前几章提到的格言警句来创造自己的冥想练习。也想尝试许多很棒的冥想CD。对于小女孩来说，我喜欢Indigo Kidz的Indigo Dreaming、Denise Allen的Butterfly Dreaming、Petera King的The Rainbow Collection。对于稍大一些的青春期女孩，Denise Allen的Cool Karma很不错，Petrea

King也有一系列很好的CD。集中在放松、自尊、宽恕、发展良好睡眠和其他事情上，不仅适合成年人，也适合青春期女孩。

关于压力

当我们不停抱怨自己的恐惧和焦虑时，我们的思想会对身体产生影响。人类的中枢神经系统很难区分真实的危险（比如一只狗来攻击我们）和想象中的危险（比如马上就要到截止日期的学校作业或者工作报告）。如果我们心理上对作业或者报告的反应是把它们想象成危险的，我们的身体就做出反应，准备击败将要到来的危险，或者是逃避它。这就是生物的"或战或逃反应"。另外还有第三种对压力的反应：冷冻反应。我们会被自己的恐惧和焦虑完全控制住，无法动弹。

压力对身体产生的即时生理影响包括心跳加速、呼吸短促、口干舌燥和瞳孔放大。短暂的压力是有益的。它能促使我们迎接挑战，比如去按时完成作业或者报告。如果我们确实面临身体上的危险，压力能让我们的身体通过关闭一些不重要的功能（比如消化功能）来做出反应，身体绷紧，准备行动。但是，持续性压力会带来严重的健康隐患，包括头痛、影响睡眠、噩梦、食欲增加或减少、疲劳和神经性消化不良。压力所带来的最显而易见的身体症状是肌肉的紧张。

由于我们的思想跟身体并不是分开的，持续性压力对行为也会产生影响，例如无法集中注意力、感到厌倦、缺乏意志力、无法合理安排时间、对错误过度反应、无法控制的情绪爆发和增长的酒精、烟草或其他药品的消费。

或许你的青春期女儿的一些令人沮丧的行为正是她身处压力之中产生的反应。又或许你已经认可了压力在你身上造成的长期生理或行为影响。掌控压力应该是你和你女儿生活中的头等要事。接下来的冥想练习能让你和你的女儿练习用冷静和积极的态度应对潜在的压力场景，让你知道，当你有掌控压力的能力和欲望，那种感觉是什么样的。定期做这个练习能够帮助你发展全新的、更积极的自我对话，你能对生活中不可避免的挑战和失败做出冷静、积极的回应。我们无法控制自己经历的事情，但我们能控制自己应对的方式。

在练习的第一个部分，你要放松肌肉，放慢呼吸，缓解压力带来的身体症状，把自己的精神状态镇静下来，开始你的练习。

对抗压力冥想练习

　　轻轻地闭上你的眼睛。把注意力集中在呼吸上。你不需要改变呼吸，只是注意自己的呼吸：用鼻子吸气，用嘴呼气。缓慢、深长、稳定呼吸。感觉胸膛的起伏。聆听自己呼吸的声音。

　　即使你还能听见其他声音，简单地注意到它们，然后让它们从你的注意力中渐渐淡去。集中在你自己呼吸的声音上。这是你放松、感觉美好、保持平静的时刻。

　　如果脑海中出现其他想法，让它们淡去。仅仅集中于自己当下的感觉。

　　想象你左脚的脚趾，想象它们都伸直了。摆脱一切紧张，感觉每根脚趾都变得柔软，放松下来。让这种感觉从你的脚底流动到脚跟。现在，你的整个左脚都放松了。每个关节都放松了。你的呼吸缓慢、深长。每次呼吸，你都感到越来越放松，越来越平静。

　　现在，集中在你左边的小腿上。感觉它在向地板下沉，放松了。让这种感受蔓延到你的膝盖，现在你的膝盖已经放松了，蔓延到你的大腿。你的整条左腿都很温暖，已经完全放松了。你的全部注意力都集中在自己的身体和自己呼吸的声音上。你不允许任何其他想法来打扰你的平静。你仅仅注意它们，然后让它们消散。

把你的注意力放在右脚上。想象每根脚趾都慢慢伸直了。注意你右脚上的肌肉，你的小腿一直到大腿，直到两条腿都彻底放松。

你的下半身已经绝对没有任何压力了。你感觉很好，你感到安全。

放松臀部肌肉，让它们变得柔软。你感到放松和温暖。

现在，想象你左手的手指打开了。感觉每根手指都松开了，放松了。想象手的每个部分都柔软了。让这种感觉蔓延到你的手腕。感觉你的手和手腕都放松了。让这种感觉蔓延到肘部，蔓延到肩膀。感觉你的肩膀向后、向下，已经摆脱了所有压力。

现在，在右手的手指、手腕、肘部、肩膀上想象这种深层的放松。

左边和右边的手以及胳膊全都放松了。

现在，集中在你的胃部。感觉你腹部的肌肉放松下来。

放松的波浪蔓延到你的身体，你的脊椎上。让你的每一节脊椎都放松。伴随着每次呼吸，你的身体感到越来越放松。

现在，集中在你的脖子上。摆脱所有的紧张。现在，轮到你的脸。感觉你的每一根眉毛都平滑了。你的嘴唇和牙齿轻轻分离，嘴也放松下来。不要紧张。

你的整个身体现在已经完全放松下来。你感觉很棒。你感到安全和温暖。

保持呼吸。

现在，想象你在清晨刚刚醒来。阳光透过窗户，洒在你的脸上，给你一种平静的感觉。你感觉自己被保护着。

阳光将这种温暖从你的脸蔓延到全身。注意，自己已被愉悦感充满。沐浴在这金色、治愈系的阳光下。

想象自己从床上起身，准备去学校/工作。你不要匆忙。你井井有条。你来得及。你感到平静，一切在自己的控制之中。

你对接下来的一天感到乐观。你知道自己拥有完成当天任务所需的技能。你对自己的能力感到自信。

花一会儿时间来仔细想想你拥有的那些能帮助你度过成功的一天的技能。你擅长什么？你喜欢做什么？

想象自己出门去上学/工作。

想象现在你准备开始去执行一项平常会感到困难和有压力的任务。

你也许依然感到一些压力，但是你知道这种感觉并不一定是消极的。压力同样能激励人，能鼓励你超越自我。你没有理由害怕面前的任务，因为你已做好准备。你为自己设定的目标就是成功。为了这次能够做出不同应对，你做了哪些准备？

想象自己开始完成任务，并成功完成了。

冷静、积极地应对问题，这种感觉怎么样？

当我们离开体验，再次把注意力集中在自己现在的身体上，想想你从这个练习中学到了什么。做一个深呼吸，睁开你的眼睛，回到现实世界中来。

你现在也许想要写下自己的观察和发现。如果你面对困难时能够更冷静、更积极，你的生活会发生怎样的变化？

关于欺凌和恐吓

在还是小女孩的时候，我们中的许多人都被教导要保持安静和顺从，要"看得见你，但听不见你发出声音"，要表现"友好"。但是被动顺从会让我们更容易受到欺凌，不论是在学校还是在职场上。

研究告诉我们，欺凌者尽管拥有唬人的外表，但他们其实内心虚弱，充满不安全感，缺乏自信。这就是为什么他们需要通过恐吓和暴力来得到想要的东西。这也是为什么他们要挑选看起来比自己弱小的人作为欺凌对象。

我建议所有的女孩和成年女性都试着为自己抗争，让世界知道，我们对此难以忍受，这已经要突破我们的底线了。这并不是咄咄逼人，但我们都需要强势一点。我们要展示——通过我们选择的词句、语调和身体语言——我们希望被倾听，希望我们的意见得到尊重。当我们强势地进行交流时，我们显示出了自信和内在力量。

真正建立起自信心和内在力量也许需要花上几年时间，但也有证据表明，我们可以通过练习强势的行为表现来加速这个过程，那就是说，我们要遵从"在真正成功之前，要先假装成功"的原则。

当我刚开始当老师时，我所在的学校很有挑战性。我迅速发现，流露出软弱性格的教师被彻底忽略了，甚至被学生轻视。强势的教师遭到憎恶，经常激起那些来自暴力家庭的学生在情绪上的爆发，有时候甚至会导致打架斗殴。这些学生从小就知道，在被人攻击之前，先去攻击别人。

尽管我有时也对控制他们感到恐惧和忧虑，但我知道，我需要让自己看起来好像一切尽在掌握之中，说话的时候要有威严。这种伪装刚开始起了作用，在我意识到这一点之前，我已经不再仅仅是假装知道如何管理班级了。我是真的在管理班级。

接下来的冥想练习能够通过寻找我们内在的自信力源泉，来探索我们从自身内在力量中得到的思想。早期希腊文学中有许多关于强壮女性的文献，包括亚马逊民族，一个值得尊敬的女战士种族。在这个练习中，你会首先想象自己内在的强者，然后想象正在强势地应对欺凌者或恐吓者。目标在于帮助你在现实生活中面对这种情形时，发展出强势的力量。

在之前的练习中，首先你要有意识地放松肌肉，放缓呼吸，摆脱身体上的压力，进入平静状态，做好准备。

对抗欺凌和恐吓的冥想练习

轻轻地闭上你的眼睛。把注意力集中在呼吸上。你不需要改变呼吸，只是注意自己的呼吸：用鼻子吸气，用嘴呼气。缓慢、深长、稳定地呼吸。感觉胸膛的起伏。聆听自己呼吸的声音。

即使你还能听见其他声音，简单地注意到它们，然后让它们从你的注意力中渐渐淡去。集中在你自己呼吸的声音上。这是你放松、感觉美好、保持平静的时刻。

如果脑海中出现其他想法，让它们淡去。仅仅集中于自己当下的感觉。

想象你左脚的脚趾，想象它们都伸直了。摆脱一切紧张，感觉每根脚趾都变得柔软，放松下来。让这种感觉从你的脚底流动到脚跟。现在，你的整个左脚都放松了。每个关节都放松了。你的呼吸缓慢、深长。每次呼吸，你都感到越来越放松，越来越平静。

现在，集中在你左边的小腿上。感觉它在向地板下沉，放松了。让这种感受蔓延到你的膝盖，现在你的膝盖已经放松了，蔓延到你的大腿。你的整条左腿都很温暖，已经完全放松了。你的全部注意力都集中在自己的身体和自己呼吸的声音上。你不允许任何其他想法来打扰你的平静。你仅仅注意它们，然后让它们消散。

把你的注意力放在右脚上。想象每根脚趾都慢慢伸直了。注意你右脚上的肌肉，你的小腿一直到大腿，直到两条腿都彻底放松。

你的下半身已经绝对没有任何压力了。你感觉很好，你感到安全。

放松臀部肌肉，让它们变得柔软。你感到放松和温暖。

现在，想象你左手的手指打开了。感觉每根手指都松开了，放松了。想象手的每个部分都柔软了。让这种感觉蔓延到你的手腕。感觉你的手和手腕都放松了。让这种感觉蔓延到肘部，蔓延到肩膀。感觉你的肩膀向后、向下，已经摆脱了所有压力。

现在，在右手的手指、手腕、肘部、肩膀上想象这种深层的放松。

左边和右边的手以及胳膊全都放松了。

现在，集中在你的胃部。感觉你腹部的肌肉放松下来。

放松的波浪蔓延到你的身体，你的脊椎上。让你的每一节脊椎都放松。伴随着每次呼吸，你的身体感到越来越放松。

现在，集中在你的脖子上。摆脱所有的紧张。现在，轮到你的脸。感觉你的每一根眉毛都平滑了。你的嘴唇和牙齿轻轻分离，嘴也放松下来。不要紧张。

你的整个身体现在已经完全放松下来。你感觉很棒。你感到安全和温暖。

保持呼吸。

想象你正在海滩上漫步。沙子是金色的；温柔的海浪轻轻拍打着岸边；太阳温暖地照耀在你的肩头。天空很蓝，有蓬松洁白的云朵飘过。你感到安全，温暖，快乐。聆听海浪拍打沙滩的声音。

你看见一个女人正向你走来。你知道，这是你内在的强者，正走来看你。你微笑，就如早已认识她。你信任她，与她在一起，你感到安全。

你的内在很强大。她能努力保护你。她对于自己的力量是如此自信，甚至无需运用它。她的出现表明了一个讯息，她是一个值得尊敬的女人。

你的内在很高大。她挺胸抬头。她看上去自信、充满力量。近距离地观察她。她长什么样？穿什么样的衣服？直视她的眼睛，那里面没有恐惧。

当她接近你的时候，她很高兴见到你。想象她是如何问候你的。

她承诺，会永远和你在一起，她会保护你，提醒你注意自己的力量。因为她就是你，你的一个特别的部分。她会永远保证你的安全。

当她说话的时候，注意聆听。注意她选择的词句。

她再次提醒你注意自己和全部女性的力量。关于你自己的力量，她告诉了你些什么？

她牵着你的手，带你来到一个水池旁。她让你看看自己的倒影。你看到她和你现在融为一体了。你现在就是这个强壮的女性。

你现在是怎样站着的？你的声音是什么样的？感觉怎么样？

你知道，你会照顾自己，保证自己的安全。你知道，你有保持底线的勇气。

想象你现在看到曾经恐吓你的人正向你走来。观察他们的行为，但不要让他们令人心烦。你冷静、自信地回应他们。他们为你的新策略而感到惊讶，改变了对待你的方式。

当你与他们对话时，听听自己的声音。你选择了哪些话语？观察你是如何站立的。

在这种情况下，冷静自信地应对，这种感觉怎么样？

当我慢慢地数到三，你将会离开这个场景，拥有安全、自信和内在力量。

一……二……三。

当我们结束体验，重新聚焦在我们此时此地的身体上时，花一会儿时间来想想你从这个练习中学到了什么。做一个深呼吸，睁开你的眼睛，回到现实中来。

你也许想要写下自己的感想。如果你更加自信，你的生活会发生什么改变？

我从安尼塔·罗伯茨的工作成果中接受了内在力量的观点，安尼塔的安全青春期女孩计划目标在于消除北美年轻人生活中的暴力。

附

录

3

让我们来交谈

　　以下问题被设计用来促进你和女儿之间的交流。如果让你来回答这些问题，你也许会发现自己和女儿有共同之处。母亲和女儿之间的差别总是被夸大。我们经常听到小女孩抱怨自己的妈妈不理解她们。同时，母亲们也在哀叹她们的女儿不懂得自己的艰辛。一起分享一个安慰人心的交流时刻是有治愈作用的，你会发现自己正在想，"没错，我也是这么想的！"

　　但是，我们的孩子并不仅仅是我们小时候的翻版。这些问题同样能够发现我们和她们的差异。但不同的经历、想法和感受并不一定是造成你和女儿之间鸿沟的原因，而可能是全新的深层理解的源泉。在讨论中要记住，你们不一定非得达成共识；简单的交流，探索彼此不同的世界，就已经很有帮助。

让这些问题对你们两个人发挥最大作用。很难预料你的女儿什么时候最想交谈，过多的准备会让整个练习在她眼中显得虚假。不管你是否找到机会，都要抽空进行交流，总好过等待或是计划一个完美的交谈时间。

问题分为几大类，所以如果你的女儿生活中有某个方面面临问题，你能轻而易举地找到相关的问题作为谈话的开始。你也许希望随机选择问题，或者甚至用很长时间来把50个问题挨个问一遍。不论你用哪种方式，请记住，谈话氛围应该轻松有趣，充满爱和支持。

交流和对话

1、描述当你对别人对待你的方式感到生气或沮丧，却不愿表达出来，而是消极忍受的一次经历。你能用别的什么方式来面对这种情况？

2、描述一次你未经大脑思索就说出某些话的经历。这些话造成了怎样的后果？关于以后的说话方式，你从中学到了什么？

3、你最喜欢的朋友是谁？她/他的什么品质让其成为一个宝贵的朋友？

4、有时我们的友谊需要细心呵护。举出五种有用的能够向你的朋友展示你很珍惜她/他的方式。

内在力量

5、当你是个小女孩的时候，你害怕谁？你害怕什么东西？为什么？你是如何克服这种恐惧的？

6、描述一次你被朋友强迫去做某事的经历。结果如何？在屈服之后，你有什么感受？

7、你最大的恐惧是什么？你如何克服它？

8、你做过的最勇敢的事情是什么？

9、你感觉最安全的地方是哪里？

10、描述在生活中你感觉好像没人能够明白你的感受的一次经历。发生了些什么，你又做了什么来结束这件事？

自尊

11、别人做什么事情能让你觉得珍贵和特别？

12、你为自己做过什么事情，让你觉得珍贵和特别？

13、迄今为止，你的生命中什么事情让你最感到自豪？

14、你喜欢自己的哪五个方面？

美丽

15、描述一次把自己与你觉得羡慕的人的长相进行对比的经历。那种对比让你有什么感受？

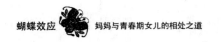
16、哪个女性让你觉得羡慕，而并不是因为她的外表？你喜欢她的什么？

17、描述当你感到真正美丽的时候。

18、你如何定义"美丽"和"丑陋"？

愉悦

19、当你是个小女孩的时候，什么能让你开心？为什么？

20、描述一次你发自身心地开怀大笑的经历。

21、你最喜欢去的地方是哪里？

22、小时候你最喜欢的书是什么？

23、现在你最喜欢的书是什么？

24、谁是你在书中、电影里或是电视节目里最喜欢的女性角色？你喜欢她的什么？

25、你最喜欢的歌曲是什么？

26、你想要去哪里旅行？

自我认同

27、当你照镜子的时候，你看到了什么？

28、你生活的座右铭是什么？

29、你喜欢朋友和你遇到的人们用哪三个词语来形容你？

30、你最喜欢家庭成员用哪三个词语来形容你？

女性的地位

31、你认为哪些商业品牌从积极角度塑造女性形象？

32、描述一个在你看来把女性作为某种物品的广告。这个广告给你怎样的感受？

33、一页一页翻阅一本流行的时尚杂志。如果你要选择成为杂志中提到的某位女性，你会选择谁？为什么？

34、成为一名有力量的女性，你认为需要哪些品质？

35、对你而言，以下词语的内涵是什么："妈妈""女儿""公主""皇后""女权主义者"。

回顾过去

36、如果能和你失去的某个人共度一天，你会选择谁？为什么？你会做什么、说什么？

37、迄今为止，你在生活中对什么事情感到后悔吗？是什么事情？

38、迄今为止，你的生活中最让你感到羞愧的事情是什么？

39、在以后，你能做些什么来把悔恨和做令你羞愧的事情的风险降到最低？

40、当你小的时候，最想长大之后成为什么人？

41、小时候，你还有过其他梦想吗？这些梦想现在实现了吗？在成熟之后，你的梦想发生改变了吗？

学习

42、当你在学习的时候，什么最能给你动力？

43、你喜欢怎样学习？你是否有某种偏爱的学习模式？如果有，请描述它。

44、你从我身上学到了什么？

母亲和女儿的关系

45、与我有关的记忆，你最喜欢的是什么？

46、在我的性格中，你最喜欢哪个方面？

47、如果你只剩下一天可以活，你想告诉我哪些关于你自己的事情呢？

48、你有哪些对我的期望？

49、我能怎样帮助你成长，让你成为想成为的人？

50、你能告诉我一些别人都不知道的关于你的事情吗？

非常感谢我的启迪教育团队成员简·希金斯，索尼娅·琳恩和斯多姆·格林希尔·布朗在我做以上问题列表的过程中所给予的帮助。